JN081697

感じる認知科学

日本認知科学会 ‖監修‖ 「認知科学のススメ」シリーズ

Invitation
to
Cognitive Science

6

横澤一彦 著　内村直之 ファシリテータ

新曜社

「認知科学のススメ」シリーズの刊行にあたって

　人間や動物は，どのように外界の情報を処理し，適切に反応しているのでしょうか？　認知科学は，このような関心から，動物も含めた人間の知能や，人工知能システムなどの知的システムの性質や処理メカニズムを理解しようとする学問です。人間や動物のさまざまな現象にかかわるため，認知科学は，心理学，進化学，情報科学（とくに人工知能），ロボティクス，言語学，文化人類学，神経科学・脳科学，身体運動科学，哲学などの幅広い分野の研究者が集まって作られました。そのため認知科学は，これらの諸分野を横断する学際的な学問分野となっています。

　認知科学はこのように幅広い領域にわたるため，数学，物理，歴史などの伝統的な分野と比べて，体系化することは容易ではありません。そのためもあってか，私たち自身について知るための基本的な学問であるにもかかわらず，これまで中学校や高校の教育の中で教えられることはありませんでした。しかし学問の存在を知らなければ，その道へ進もうと志す人もなかなか現れません。このことは，社会にとって残念なことです。

　そこで，これから大学で本格的に学問に取り組む若い方々やこの分野に関心をもつ一般の社会人の方々に，この分野でどのようなことが研究されており，どのような面白い成果が得られているのかを知っていただくために，日本認知科学会は「認知科学のススメ」シリーズを刊行することにいたしました。

　国内のほとんどの学術書は，研究者自身がテーマに沿って研究を紹介するという執筆形式をとっています。一部の書籍，とくにアメリカの書籍では，研究者の代わりにサイエンスライターが執筆しているも

のもありますが，まだ数は少ないと言えます。本シリーズでは，研究者とサイエンスライターが協同して書くという，これまでにない執筆スタイルをとっていることが，大きな特徴の1つです。全10巻の刊行が予定されており，いずれの巻においても，サイエンスライターは高度な内容を誤りなく，かつわかりやすく読者に伝えるよう，ファシリテート（facilitate）する役目を担っています。そこで本シリーズでは，サイエンスライターを「ファシリテータ」と呼んでいます。全巻にわたるこの役を，書籍のみならず，新聞や雑誌等で科学に関する記事をこれまで多く執筆されてきた内村直之氏に，お引き受けいただきました。

　本シリーズは，別掲のシリーズ構成をご覧いただくとおわかりのように，内容のうえでも，新しい執筆スタイルに負けない斬新で興味深いタイトルを揃えていると自負しています。これらの本を手に取った高校生や大学生のみなさんの中から，認知科学という学問分野を目指す方が現れることを期待してやみません。それと同時に，これまで認知科学という学問分野に馴染みのなかった多くの社会人の方が，認知科学に興味をもってくださることを切に願っています。

　　2015 年 9 月 10 日

編集委員

植田一博
今井むつみ
川合伸幸
嶋田総太郎
橋田浩一

全 10 巻シリーズ構成

まえがき

　「感じる認知科学」というあいまいな書名からは，「感じる」こと，すなわち知覚を扱う認知科学研究の紹介なのか，認知科学という学問分野が今何かを「感じる」現状，たとえば AI や拡張現実など発展著しい関連領域からの影響の分析なのかなど，さまざまな内容が考えうると思います。この書名が本書の内容に対して適切かどうかは読者の判断にお任せしたいのですが，本書では必ずしも「感じる」ための感覚器官の仕組みを詳述するのではなく，「感じる」ことの正体を認知科学的に解説してみたいと思います。その過程で，AI や拡張現実，マーケティングや消費者行動など発展著しい関連領域への影響にも触れてみたいと思います。

　さて，執筆の過程で「感じる」とは何かと考えてみたときに，「感じない」とは何か，「感じすぎる」とは何かというような側面からも考えてみたほうがよいと確信するようになりました。「感じる」ということを改めて定義するとすれば，五感に対応する感覚器官から入力された外界の物理情報を脳内で再構成して，意識にのぼるまでの過程を指します。すなわち，「感じる」とは脳の情報入力過程です。その過程において，決して外界そのものではなく，取捨選択，増幅，変形された表象を脳内に再構成してしまっています。結果的に，外界とはかけはなれた世界を構築している場合もあります。にもかかわらず，私たちは正しく世界を理解していると信じがちであり，さまざまな錯覚現象やマジックの仕掛けで騙されていることに気づくと，その都度驚き，不安になってしまうのです。

　「感じない」こと，「感じすぎる」ことで，外界とはかけはなれた世

界を脳内に構築してしまうのは，深刻な問題のように思われるかもしれませんが，多くの場合外界とかけはなれた世界の構築が問題なのではなく，逆に迅速で適応的な行動をするために重要な情報源となっていることに気づくことが大事なのです。不要な情報を「感じない」ことで，必要な情報を迅速に捉えることができ，外界に存在する以上の情報を「感じすぎる」ことで，次々に襲いかかる事態を常に予測しながら，滑らかな行動が実現できているのです。このような行動原理を，私たちは日常的にほとんど意識することはありませんが，ロボットやAIなどで，人間に代わる能力を人工的に実現しようとすると，そのような「感じる」過程を正しく理解することが必要不可欠になります。このような経緯から，「感じる」過程の特徴を平易に解説することを念頭に，ときに「感じない」ことも，「感じすぎる」ことも重要であることを明らかにすることを本書では目指しました。

　このような「感じる」ということの正体を考えると，外界とはかけはなれた世界を脳内に構築してしまうような一見脆く危うい処理能力しかないのに，非常に高度な行動が実現できているのは，「感じる」こと単独ではなく，身体や環境との相互作用に基づいているからであることが明らかになってきます。しかしながら，私たちの身近で起こっているその正体を私たちはほとんど意識することがないので，自分自身の気分や判断が簡単に操られてしまう可能性があり，実は個々人だけでなく，大衆をも誘導することができ，非常に大きな便益を生み出すことが明らかであり，学際領域でのさまざまな検討が進められている現状を伝えたいと考えています。

　本書では，まずは，このような過程において，外界において存在しても「感じない」こと，外界には存在しないのに「感じすぎる」ことが起こりうるという事実を紹介することで，脳内に再構成される情報が外界とはかけ離れた場合が少なくないことを明らかにします。次に，感じ取る仕組み，すなわち五感の情報処理の特徴について簡潔に説明し，取捨選択，増幅，変形された表象を脳内に再構成する過程を確認

し，私たちの日常生活において，必要十分で迅速な対応を可能にする機能が用意されていることを示したいと思います。さらに，この外界とはかけ離れ，心的表象は仮想的であり，身体や環境との相互作用によって，適応的な行動を実現していることを確認します。最後に，私たちが感じてしまうことで，知らず知らずのうちに，情動や行動が誘導されていることの意味について考えていきたいと思います。

目　　次

装幀＝荒川伸生
イラスト＝大橋慶子

x

1章 感じない！——鈍感力

　「感じる」とはどのようなことかを説明する前に，まずは「感じない」ということとの違いを確認してみたいと思います。感じると思っていたことが感じられないとき，鈍感だと評され，悪いことのような印象を受けることになりますが，必ずしも鈍感であることが悪いわけではありません。外界の情報はあまりに膨大なので，与えられた環境の中で生きていくためには，ときに鈍感であることが必要です。渡辺淳一のエッセイ『鈍感力』は，2007年のベストセラーとなり，当時の小泉純一郎首相が鈍感力の大切さを説いて話題になりました。一般に，鈍感か敏感かは相対的なものですので，そもそも「感じる」，「感じない」の境界はどこにあるのかなかなか決めがたいものです。感じるはずだと思っていることを感じられない現象を私たち人間の鈍感力の例として取り上げ，感じるはずだと過信しがちであることに警鐘を鳴らしたいと思います。

「感じる」，「感じない」の境界

　五感それぞれの「感じる」仕組みが精緻なものであることは疑いないところですが，その精緻さを上回るほど外界の情報は膨大で複雑です。たとえば可視光は地上に存在する電磁波のうち，ほんのわずかの波長範囲をカバーしているのにすぎません（「感じる」仕組みの詳細は，第3章で説明します）。可視光より少し波長の長い赤外線，少し波長の短い紫外線でさえ，私たち人間は見ることはできませんが，ヘビなどは眼とは別に赤外線を感じる器官（ピット器官と呼ばれる）があり，魚類，

鳥類，昆虫類には紫外線を感じる種があります。赤外線を感知できれば，ヘビなどが夜でも獲物を捕らえることが可能になり，紫外線が見えることを利用してハチドリや昆虫は花の蜜の在り処を容易に見つけることができます。また，紫外線の見えるモンシロチョウは，可視光領域ではオス，メスとも白い羽とされても，紫外線領域まで含めると雌雄で全く異なる色をしていることになり，配偶者選好の観点からも重要な情報となります。

　私たち人間は紫外線を見ることはできませんが，紫外線を「感じない」わけではありません。いわゆる日焼けは，紫外線から肌を守るために，皮膚の色素細胞であるメラノサイトが紫外線を吸収するメラニンという黒い色素を大量につくり，肌が黒くなる現象です。すなわち，日焼けは皮膚の防衛反応であり，メラニンを発生させることにより深層部分の細胞及び組織の損壊を防ぐことができます。視覚的に紫外線を感じることはできませんが，日焼けによって肌の火照りやひりひり感を感じることになるので，紫外線を意識できないというわけではありません。逆に言えば，紫外線を感じる仕組みの存在を肌の日焼けによって知ることができるのです。紫外線は，波長の長さによって紫外線A波，B波，C波の3つに分けられます。紫外線C波はオゾン層で吸収されるため，地表には届かないはずですが，環境破壊によるオゾン層の破壊で，地上に到達してしまう危険性が危惧されていて，南極と北極のように，オゾン層が薄いオゾンホールや，チリ南部などの極地近隣地域では，肌が重度のやけどのようにダメージを受けた例が報告されています。なお，太陽からの，紫外線C波より短い波長の光線はX線です。

　紫外線は，カルシュウム代謝に必要なビタミンDを皮膚で合成する手助けをし，骨の形成と成長を促します。ただ通常は，紫外線A波とB波によって，2種類の日焼けが起こることになります。紫外線B波によって引き起こされるサンバーン（sunburn）は，肌が赤くなるヤケドのような日焼けで，シミの原因となるだけではなく，皮膚が

んの原因にもなります。紫外線 A 波によって引き起こされるサンタン（suntan）が，肌が黒くなる日焼けのことで，数週間から数ヶ月の間肌が黒い状態が続きますが，痛みが生じることはほとんどありません。波長が長い紫外線 A 波は，肌の奥深くまで到達するので，長い時間をかけ，肌にさまざまな影響を及ぼし，悪影響もあることに気をつけなければなりません。

　聴覚に関しても，私たちが音を聞くことができる周波数の範囲を示す可聴域の下限は 20Hz（ヘルツ）ですが，20Hz 未満の周波数帯は音というより振動として体に響くように感じられ，それを超低周波音（もしくは重低音）と呼んだりします。すなわち，20Hz 未満の超低周波音は，音という名称になっていますが聴覚的には誰にも聞こえず，音圧レベルが非常に大きい場合に，私たちの触覚における振動受容器を通して圧迫感や振動感として，感じることができるのです。したがって，何も聞こえていないのに，振動を感じることから，これまで報告されている心霊現象の正体は，超低周波音に基づくという主張もあります。ただ，私たちの生活環境には，音圧レベルの低い超低周波音は至るところに存在していますが，人体に悪影響があるような音圧レベルの超低周波音は通常存在しない一方，現代音楽のコンサートにおいて，演奏の途中で超低周波音を流したところ，観客のうち 22％ が不安や悲しみ，悪寒，嫌悪感，恐怖などの異常な感覚を経験したという報告があり，このような心理的な警戒や嫌悪を感じるのは，雪崩や嵐などの危険から身を守るために人間は超低周波音に動揺や恐怖を感じるよう進化してきたためであり，生存という観点から合理的だと言われています。

　このように，個々の感覚器官における「感じる」，「感じない」の境界が，必ずしも私たち人間にとっての「感じる」，「感じない」の境界ではないことに注意しなければなりません。

感じていたことが感じなくなる

　元々感じていたことが感じなくなることで，感じる（もしくは，感じていた）仕組みを自覚できることもあります。代表的なのは，老化現象でしょう。視覚の代表的な老化現象は，レンズの役割を果たす水晶体の弾力性が弱まり，ピント調節力が低下した結果，近いところが見えにくくなる老視（一般的には，老眼）です。たとえば，この本を従来読書しているときと同様の視距離で読みながら，濁点と半濁点の区別ができず，「ば」と「ぱ」の違いを感じられなくなっていれば，老視である可能性があります。老視になって初めて，自動的なピント調節機能の素晴らしさを知ることができます。簡易な老視の確認方法として，指の指紋が見える距離が 30 センチ以上離れると老眼鏡が必要だと言われています。

　聴覚の代表的な老化現象は，加齢性難聴です。これは，中耳の蝸牛の中にある有毛細胞が，年齢とともに減少することによって生じます（「感じる」仕組みの詳細は，第 3 章で説明します）。有毛細胞は音の高低を感じる順に蝸牛の入り口から並んでいるため，加齢性難聴は高い音から聞き取りにくくなります。音の高さを周波数で示すと，20,000 Hz までが可聴帯域であると言われていますが，若者でも一般に 20Hz から 16,000 Hz くらいまでの音が可聴帯域であり，高齢者ではそれが 5,000 Hz までに低下します。88 鍵のピアノの最低音は 27.5Hz，最高音は 4,186Hz であるので，高齢者の可聴帯域は，88 鍵のピアノの音の範囲より，少し広いくらいの範囲になってしまうのです。

　蚊は英語でモスキート（mosquito）と言いますが，そのような名称の超高周波を使った音響機器があったことからも，耳元でブーンと蚊が飛んでいるような高音のことをモスキート音と呼びます。小型スピーカーから 17,000Hz という高周波数のブザー音が流れると，20 代後半以降の者には気にならない者が多いのですが，20 歳前後までの

若者にとってはかなり耳障りで不快に感じるので，店舗前に集まって騒ぐ若者に対処するための夜間のセキュリティーシステムとして利用されています。モスキート音が聞こえなかったからといって，日常生活で支障が出ることはほとんどありませんが，高齢者には聞こえないモスキート音が，着信音として若者向けの携帯電話サービスとなっていたりします。

　加齢による高音域の音の聴こえの低下は，最小可聴音圧の低下，すなわち聴こえが悪くなるということになりますが，一方では車のクラクションや，食器のぶつかる音などが若い頃より耳障りに感じられるという報告もあり，痛みを伴うような最大可聴音圧が下がっていたり，心理的な音に対する心理的許容度が低下したりしているのかもしれません。したがって，高齢者を不快にさせるには大きな音と鳴らせばよく，アバクロンビー＆フィッチというファッションブランドは店内で90デシベルの大きな音で音楽を流すことで，顧客を若者だけに絞っているといいます。

　皮膚の浅い層に存在し，触覚情報を処理する皮膚感覚受容器（メルケル盤やマイスナー小体など）は，老化により20歳から80歳にかけて3分の1に減少します（「感じる」仕組みの詳細は，第3章で説明します）。具体的には，老化により振動の有無を判断する能力は低下し，すべての周波数で閾値（いきち）が上昇し，感度が悪くなることになります。さらに，皮膚感覚受容器から神経線維を伝わる速度も，老化により時速240から180キロに低下します。このような量的，質的低下が，高齢者が立ったり歩いたりする際の安定性の低下につながり，つまずいたり，転んだりすることになります。運動会で走っている父親が転ぶのは秋の風物詩と言えるのかもしれませんが，姿勢をキープしたり，脚を前に持ち上げたりするときに使われる腸腰筋などの筋肉が，加齢や運動不足に伴い衰えたという老化現象の1つであるものの，走ったときにバランスを崩しがちになり，脚も十分に上がっていないことが主な理由で，つまずきやすくなっているので，高齢者の触覚機能の低下による転倒

とは区別する必要があります。

　また，温度感覚の老化現象としては，50 歳以下では約 0.5 度の温度差を感じることができていたのに，65 歳以上の高齢者では，1 度から 5 度の温度差となって初めて，その違いを感じることができます。これは，老化により温度受容の機能の低下がみられ，感度が鈍くなっているためです。高齢者が，お風呂に入る際に火傷をするのは，これが主な要因と考えられています。

感じるはずなのに感じない

　赤外線や紫外線などの不可視光や，老化によって「感じない」，すなわち鈍感になる現象を取り上げてきましたが，その原因は感覚器官そのものの処理限界による現象でした。ここでは，感覚入力に問題ないはずなのに，「感じない」現象を取り上げることにしましょう。

　代表的なのは，見落としに関する現象です。世界中に衝撃を与えた

図 1-1　非注意による見落とし

のは，数人がバスケットボールのパス回しを行なっている最中に，その中央でゴリラの着ぐるみを着た人がドラミングと呼ばれる胸を叩く行動を真似るという，その他の人がしているのとはかなり異質の行動をしていたにもかかわらず，この動画を見る人の中にゴリラの着ぐるみの存在自体の見落としが生じることが示された研究です（文献 [1]）。この研究に対して，人を笑わせると同時に考え込ませる研究に与えられるイグ・ノーベル賞が 2004 年に授与されています（本章コラム参照）。

このとき，見落としが起こる仕掛けを正しく理解することが非常に重要です。図 1-1 のように，動画の中にゴリラの着ぐるみが突然現れれば，それを見落とすはずがありません。ところが，その動画について，部分的に注意を向ける課題を課すことで，見落としが起こるのです。白い T シャツを着た人たちと黒い T シャツを着た人たちで，別々にボールのパス回しをしている状況で，たとえば白い T シャツを着た人たちが何回パス回しをしたかを答えてもらう課題を課すと，その課題を正しく遂行するには，黒い T シャツを着た人たちは邪魔なので，彼らを無視しなければならない状況になります。すなわち，白い T シャツを着た人たちに注意を集中させることで，黒い T シャツを着た人たちばかりではなく，ゴリラの着ぐるみまでも無視されるのです。逆に言えば，白い T シャツを着た人たちのパス回しの回数を答えなくてもよいならば，ゴリラの着ぐるみのような顕著なものに注意が向けられるのは当然です。2 種類のパス回しを呈示し，その片側だけに注意を向けさせているが，それに加えて（ゴリラという）奇妙な光景も視野に入っている状況を作り出し，しかもそれに注意を向けないように課題を与えているという仕掛けです。本来ならば注意を引き付けるような奇妙な光景でも，それに重なって呈示される他の情報に注意を向けてしまうと，なかなか気づけないのです。この現象は「非注意による見落とし」(Inattentional Blindness) と呼びます。

代表的な見落とし現象をもう 1 つ紹介します。それは，私たちがなんらかの変化を見つけるのが非常に困難であることを体験させてくれ

図 1-2　変化の見落とし

る現象です。たとえば，図1-2のように，実験者と会話している最中に（a），遮蔽物で実験参加者の視界を遮る（b）。そして，その遮蔽物で見えていない間に相手が別人に変わってしまう（c），別人であるばかりではなく服装などを似せてすらいないにもかかわらず（d），変化の前後で約半数の人は気づきません。このような現象を，「変化の見落とし」（Change Blindness）と呼びます。同様の現象は，ビデオカメラ位置を変えて撮影した，すなわちカメラ視点の異なる2つの動画を切り替えたカット割りをつなげた動画内の登場人物や物体を変化させるときにも確認することができます。たとえばカットが変わるたびに，身につけているスカーフがなくなったり，テーブルの上の皿の色が変わったり，さらに主人公が別人に変わっていても気づきにくいのです。

　非注意による見落としが生じるのは，ゴリラの着ぐるみは無視され

ていたからでしたが，変化の見落としは，目の前の人物がただ1人だけの場合でも生じるので，無視されているはずがありません。ただし，会話やストーリー展開に集中し，目の前の人物が誰かを無視した結果として変化の見落としが生じたという説明をすることはできます。情景に注意を集中させることによって，さらに高次の情報処理をしなければならないような場合でも，実際には処理できる情報が想像以上に少なく，視覚入力された大量の外界情報が視覚情報処理過程の中で捨て去られていることを，変化の見落としという現象は明らかにします。

　「変化」というのは，当然ながら「一定」もしくは「安定」とは反対の「過渡」ということになります。基本的に私たち人間は過渡的情報に敏感であるので，それを見落とすことはありません。ただし，上記のように遮蔽物やカット割りで連続性が完全に妨げられると，私たちは全く別の事象と判断し，それまでの履歴をもとにした過渡的情報を受け取れなくなってしまうのです。したがって，過渡的情報が抽出できないさまざまな変化に対しては，変化の見落としが確認されることになります（文献[2]）。代表的な方法は，フリッカー法です。フリッカー法は，一部を変化させた情景画像を，同じ場所に交互に繰り返し呈示する実験方法です。2つの情景画像に空白時間をつくらずに切り替えれば，変化部分がすぐに分かってしまいます。ところが，たとえば2つの画像間にわずか10分の1秒だけ空白を加えることで，視覚系の検出器が機能せず，変化が劇的に分からなくなってしまうのです。数十秒間繰り返し呈示しても，変化部分に気づくことができない場合もあり，いわゆる目を疑うという類いの，周囲に何が起こっているのかが把握できていない不安に襲われることさえあります。

　変化の見落としとは，簡単に言えば変化検出に非常に時間がかかる現象ということになります。それでは，なぜこのように変化を見つけるまでに必要な時間が長くかかるのかについて，ほとんどの方が正しく理解していないので，劇的な現象と感じるのでしょう。実は，フリッカー法で使用される2枚の情景画像を細かく分割して，部分的に呈示

する方法で調べてみると，呈示された領域数に比例して，変化検出時間が長くかかります（文献［3］）。すなわち，私たちは変化検出のために細かい領域に変化があるかを1つずつ順番に見比べるような逐次的な探索をしなければ変化検出できない能力しかないので，時間がかかることになります。一方，情景画像を10分の1秒だけ呈示しただけで，その内容は瞬時に理解できたように錯覚してしまいます。たとえば，短時間呈示された情景画像が，バスケットボールの試合中の情景とか，外国の街並みの情景とかを答えることが可能であるので，その情景画像の中の変化も簡単に検出できるのではないかと錯覚してしまうのです。これが，変化の見落としが生じるからくりです。

　変化の見落とし現象を生じさせるのには，もう1つからくりがあります。たとえば，フリッカー法で使用する画像において，変化部分は，その画像において大半の方には中心的興味が向けられない領域を選んでいます。すなわち，順番に見比べて変化部分を逐次的に見つけ出そうとする際に，まずは画像の中心的興味領域に注意を向けがちなので，その領域を変化させた画像を作成しておけば，変化の見落としが生じにくくなります。登場人物が1人の動画では当然ながらその登場人物に中心的興味が向くことになりますが，そのような場合にカット割り後に別人に変えても，変化の見落としが起こりえます。これは，登場人物が誰かということに，その瞬間には中心的興味が向かないためということになります。

　一方，変化の見落とし現象が生じるはずの画像を用いたとしても，子供が簡単に変化部分を見つけ出すこともあり得ます。それをもってして子供の方が変化の見落としが起こりにくいという誤解が生じかねませんが，それは大人にとって中心的興味が向けられない領域を変化させたとしても，それが必ずしも子供にとっては中心的興味が向けられない領域とは限らないためです。同じ画像であっても，両者の見落とし能力を比較して調べていることにはならず，大人と子供では興味を向ける領域が異なっていることを測定しているだけに過ぎない可能

性が高い場合があることに注意しなければなりません。

　私たちは感覚貯蔵といってごく短時間，視覚的に入力された情報を保持することができるので，たとえわずか10分の1秒だけ呈示されても，それを元にどのような情景であるのかを答えることができます。たとえば，さまざまな種類の情景画像を10分の1秒ずつ，すなわち1秒間に10枚という速さで切り替わったとしても，呈示される情景画像中にたとえばスポーツの情景画像や宇宙に関する情景画像があったかどうか見つけて，即座に答えることができます。ところが，その直後から0.5秒間くらい，次から次に呈示される画像が処理できなくなります。1つの入力情報に注意を向け処理するために，あたかも目を閉じる瞬きのように次の視覚情報の入力遮断し，新たに何も感じないような状態になるので，注意の瞬き（Attentional Blink）と呼びます（文献［4］）。このような入力遮断状態になることを私たちはほとんど気づくことがありませんが，外界から得られた情報を取捨選択し，限られた処理能力の中で重要な情報をきちんと処理するための時間を確保する機能が存在していることを確認することができます。この現象を正しく理解するためには，2つ目の課題に取り組むときにだけ，注意の瞬きが生じることを知っておく必要があります。1秒間に10枚という速さで切り替わった場合には，1つの情報を処理している時間帯に，別の情報を取り込むことができなくなるのです。このように，新たな情報を感じない時間帯があるということは重要な意味があるのですが，強い刺激入力を与えるとそのような制限を超えてしまい，場合によっては深刻な事態を招きかねません。

　実は，非注意による見落としが生じるような，別々にボールのパス回しをしている状況で，白いTシャツを着た人たちによるパス回しの回数を答えられる能力も，フリッカーしてもその度に同じ情景であることを判断できる能力も，10分の1秒ずつ切り替わる情報の中で目的とする情報を検出する能力も，視覚情報処理としては非常に高度です。いずれも，そもそもそう簡単にはできるはずはないのです。に

もかかわらず，非注意による見落としでも，変化の見落としでも，私たち自身の予想を大きく上回る劇的な能力不足を感じます。注意の瞬きは，1つのことに集中すると，呈示後0.5秒で何も見えていない，すなわち目をつぶっているのと同様の状態になり，次のことをきちんと処理できるようになるためにさらにしばらく時間がかかることを明らかにしますが，そのようなことを日常生活においてほとんど誰も意識することがないのは，不安以外の何物でもないでしょう。

　たとえば，変化の見落とし現象を知らない300人ほどの実験参加者に，動画の中心人物が別人に入れ替わることをあらかじめ説明した上で，自分ならばその変化に気づくかをアンケートで調べた結果，もし自分が実験に参加すれば，そのような変化に気づくだろうと答える人の割合が97.6%になりました。しかし，実際の変化検出実験では46%しか変化に気づきませんでした。このような50%以上の大きな落差を変化の見落としの見落とし（Change Blindness Blindness）と呼び（文献［2］），見落とし現象が劇的と感じるのは，この落差に起因しています。すなわち，変化の見落とし現象の重要な示唆は，自分の変化検出能力を過信していることにあります。そもそも映画のスタントマンなどの仕事が成り立つのは，画面の中心人物が別人に変わっても気づかない変化の見落とし現象が生じるからであり，映画制作に関わるような人たちは変化の見落としに相当する現象を昔から知っていたのです。

　まとめておきましょう。外界が分かったつもりになっているのは，大いなる誤解が含まれている可能性が高く，時間をかけて，注意を向け，限られた領域を地道に処理していかなければならない程度の処理容量しか，私たちは持ち合わせていません。しかしながら，私たちが中心的に興味を持つものを優先して処理できることから，そのような処理限界があったとしても，日常生活に困ることはなく，自分の能力を過信しがちになるのです。

Column　ノーベル賞とイグノーベル賞

　ノーベル賞は改めて説明する必要もない，科学者に与えられる最高の栄誉です。ノーベル賞を受賞するには，研究者として高い能力とたゆまぬ努力が必要であり，これまでの受賞者にはさまざまな逸話も残っています。たとえば，アカデミー賞の作品賞などを受賞した映画『ビューティフル・マインド』は，「この世の全てを支配できる理論を見つけたい」という願いを果たすために研究に没頭し，「ゲーム理論」を発見し，ノーベル経済学賞を受賞したジョン・ナッシュの半生を描く物語でした。

　一方，1991 年に創設されたイグノーベル賞（Ig Nobel Prize）は，「人々を笑わせ，そして考えさせてくれる研究」に対して与えられる賞です。イグノーベル賞は，英語の形容詞 ignoble，すなわち恥ずべきとか，不名誉なという意味の単語にもかけた命名ではありますが，人々を笑顔にさせる研究であるとともに，物事の本質を私たちに示唆する研究成果でなければならず，決して単にふざけた賞ではありません。なお，現時点ではノーベル賞とイグノーベル賞の両賞受賞者は，アンドレ・ガイムただ 1 人です（いずれも物理学賞）。

　ダニエル・シモンズとクリストファー・チャブリスがゴリラの着ぐるみを着た人間が通りかかっても見逃してしまう現象を発見し，イグノーベル心理学賞を受賞した 2004 年は，同時に日本人の井上大佑氏がカラオケの発明により平和賞を受賞しています。実は，認知科学や心理学に関するイグノーベル賞受賞者の中には日本人が少なくありません。ハトを訓練してピカソの絵とモネの絵を区別させることに成功し，心理学賞を受賞した慶応義塾大学の渡辺茂先生や，股の間からものを見ると，実際より小さく見える股のぞき効果を実証し，知覚賞を受賞した立命館大学の東山篤規先生などがいます。

　一方，ノーベル賞には認知科学賞や心理学賞はありませんが，認知科学者や心理学者がノーベル賞を受賞していないわけではありま

せん。認知心理学者で，人工知能研究のパイオニアでもあるハーバート・サイモンは，人間の限定合理性と意思決定過程の研究により，1978 年にノーベル経済学賞を受賞しており，また不確実性の下での人間の判断に関する心理学的研究を経済学に導入したダニエル・カーネマンも，2002 年にノーベル経済学賞を受賞しています（ただし，ノーベル経済学賞という名称はノーベル財団が認めておらず，正式にはアルフレッド・ノーベル記念スウェーデン国立銀行経済学賞）。

　いずれにしても，人間の行動原理に迫る心理学および認知科学に関する研究成果は，今後とも人類全体にとって豊かで有益な未来につながる可能性が高いと評価され，その中からノーベル賞やイグノーベル賞を受賞する研究者が現れつづけるのではないでしょうか。

感じすぎ？──知覚過敏

知覚過敏といえば，冷たい水が歯にしみたり，歯ブラシを当てたときに痛みが起こったりする症状を指します。歯根が露出して象牙質がむき出しになると，冷たい飲みものなどの外部からの刺激が象牙細管を通って歯の内側の神経に伝わり，瞬間的に鋭い痛みを感じるようになります。本来は感じるべきではない刺激に感じすぎていることになります。

上記のような例に限らず，感じすぎる現象は様々存在しますが，大きく二分することができます。1つは，物理的には存在しない，もしくは生理学的構造から感じるはずがないのに，誰もが感じすぎてしまう現象です。もう1つは，一般の誰もが感じないのに，ごく一部の人たちには感じる現象です。一般人に比べて，感じすぎる人たちが存在することになりますが，病的な事例もあるものの，病的なものではなく，訓練なども含め個人差がある中で存在する現象もあるので，切り分けて説明します。

誰もが感じすぎ

仮現運動

最近はあまり見かけなくなったかもしれませんが，左右のランプが交互に点滅している踏切の遮断機を見ているうちに，ランプの光が左右に移動しているように感じることがあります。同じことを再現することができます。画面上に左にある円と右にある円の2つを合わせて毎秒16回程度交互に呈示すると，円が左右に移動して感じられま

す。呈示する2つの円はそれぞれ常に同じ位置に呈示されるので，物理的な左右の動きの成分は含まれていません。動きの成分を含んでいないのに，動きを感じることができるので，「仮現運動」（Apparent Motion）と呼ばれ，感じるはずがないものを誰でも感じすぎてしまう現象として取り上げることができます。

　左右で形状が異なっていたり，色が変わっていたりしても動きを感じることができます。すなわち，実物が本当に変形する過程を呈示しなくても，変形を伴う動きとして感じることができます。静止画の連続呈示でも，その間を埋めるように補完する（すなわち，感じすぎる）仮現運動を利用したのが，映画やいわゆるパラパラ漫画です。映写機で投影されるフィルム映画は，リュミエール兄弟の映写機の発明に始まります。仮現運動でスムーズな動きを実現するには，最低毎秒16コマ以上（現在は24コマが標準）の連続呈示が必要です。その上で，コマとコマの間の継ぎ目を映してはいけません。そのためには，映写機の窓で，画面を1コマずつ止め，フィルムの継ぎ目は一気に通過させるという間欠運動が必要です。さらに，それだけでは画面に継ぎ目の流れる状態が映ってしまうので，残像により私たちが気づかないように，映写光をシャッターで遮らなければなりません。視覚系は，1秒間に約50回以上点滅する刺激に対して，ちらつきを感じなくなるので，静止画を投映しているときにも，シャッターは1秒間に48回または72回映写光を遮断し，点滅を繰り返しています。蛍光灯なども点滅を繰り返していますが，ちらつきを感じないのも同様の原理です。このように，デジタル映像ではないフィルム映画というのは，仮現運動と残像を上手に使い，静止画の連続呈示を動画としてみせる仕掛けだったということになります。

　静止画の連続呈示を動画と感じすぎる例として仮現運動を挙げましたが，運動に関わる現象には別に，私たちが感じすぎることを示すいくつかの例があります。次に，バイオロジカルモーションとアニマシー知覚を取り上げてみましょう。

バイオロジカルモーション

　人の手足の関節などに小光点をつけて暗室内で動いてもらうと，光点の運動を通して人の存在がリアルに知覚されます。図2-1右のような，画像の光点集合の一枚からは，人間全体の姿勢や形状の詳細はよく分かりません。ところが，2次元平面上の運動パターンとして光点を連続的に呈示すると，歩いたり，走ったり，腕立て伏せをしたり，踊ったりする動きを難なく理解できます。性別さえも言い当てることはそれほど難しくありません。これをバイオロジカルモーション（Biological Motion）と呼びます（文献 [5]）。バイオロジカルモーションは，直訳すれば生物学的な運動ということになりますが，生物らしい運動の検出メカニズムが私たちの脳内に存在し，そのような情報が迅速に処理されることが分かってきました。

　バイオロジカルモーションが感じすぎる現象として重要なのは，人体が非剛体であるからです。剛体とは，たとえば一本の堅い棒のような3次元的形状の変化を伴わない非生物的物体，非剛体とは大半の生物のような3次元的形状の変化を伴う物体ということです。剛体の動きを機械的に検出しようとすれば，一体となって動く，すなわち相対的位置関係が変化しない4点以上の位置情報が必要です（逆に言えば，4点の移動が分かれば，剛体の動きを正確に再現できる可能性があります）。人体が歩く，飛び上がる，寝るなど，姿勢を変化させるときには，相対的位置関係が変化しない4点の存在を保証することができません。身体は非剛体ではありますが，光点位置を関節とすると，その関節で分かれる各部分の動きが，3次元剛体の平面的な動きに射影した結果になります（たとえば，肩から肘までの上腕部分だけ取り出せば，剛体とみなすことができます）。いずれにしても，3次元情報を2次元に射影するので，次の瞬間にどの3次元的位置に光点が移動しているのかは一意には定まらないという意味で，不良設定問題（解答が確定できないような不備な問題）ということになります。さらに，上腕部分は剛体だとみなすことができても，歩行などの行動時には3次元的形状の

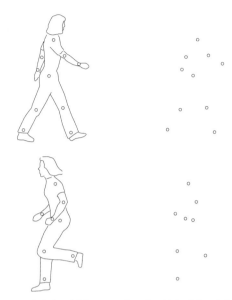

図 2-1 バイオロジカルモーション (文献 [5] より作成)

変化を伴う非剛体ということになります。

　本来は解くことが非常に困難な課題であるはずなのに，わずかな時間光点運動を呈示するだけで，人間の 3 次元的な形状や動作までもが復元できてしまいます。このようなとき，私たちは光点の全体的動きから身体の力学的情報を読み取り，極めて容易に，すなわち負荷を感じることなく，簡単に解けるはずのない不良設定問題を解き，非剛体の 3 次元的な形状と動きが推定してしまうことになります。感じすぎの代表例と言っても良いでしょう。

　生後 3 ヶ月以降の乳児において，正立の歩行光点運動とそうではない光点運動を見分けることが可能であり，生後 2 日の新生児であっても見分けられるという報告もあります。5 歳児においてほぼ成人と同様の能力を有すると言われていますが，ノイズに埋め込まれたバイオロジカルモーションの検出課題では 9 歳になって成人の成績に近くな

ります。すなわち，私たちには生まれたときからバイオロジカルモーションを検出するメカニズムが備わっていますが，その検出メカニズムは児童期においても発達し，変化することを示しています。

アニマシー知覚

　単純な幾何学図形の動きであっても，その動き方によって私たちはそれをあたかも生物であるかのようにみなすことがあります。図 2-2 に示すような構成で三角形や円形が動き回るアニメーションを説明するように求められた観察者は，人間もしくは生物の行動として解釈しました（文献 [6]）。このような現象を，有生性（Animacy），すなわち生物らしさの知覚という意味で，アニマシー知覚と呼びます。しかも，ただの三角形や円形のはずなのに，それらの相対的な動きから，「いじめる」，「逃げる」，「守る」など，社会的な役割をイメージできるような高次な要素まで感じすぎることで，三角形や円が意図や感情を持つと解釈してしまうのです。外見とは独立して，生き物らしさが感じられることになります。

　他者の心の働きを推測し，他者が自分とは異なる信念を持っていることを理解するには「心の理論」が必要ですが，生物と非生物を見分ける能力は「心の理論」の基礎となると見なされています。アニマシー知覚では，動きそのものが生きものらしさを形成していることに

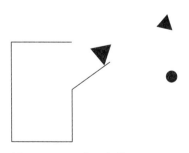

図 2-2　アニマシー知覚（文献 [6]）

なります。外見は生きものと似つかわしくなくても，動きに対して生きものらしさを感じることができます。生きものらしさを感じてしまったら，消し去ることは難しくなります。このように，アニマシー知覚は対象を意図や感情を持っていると見なし，社会的な対象として知覚させる例なので，最も単純な刺激によって引き起こされる社会的認知の一種と考えられています。このような現象を手がかりにして，生き物らしさとは何かという研究が展開されています。

充填

ここまで，私たちの動きの知覚に関して感じすぎる現象を取り上げてきました。動きの知覚に限らず，色，形，奥行きなど，さまざまな特徴を扱うのが視覚です。そもそも視覚とは，水晶体を通して外界の情報を網膜で像を結ばせ，視神経を通して脳に伝える仕組みです（「感じる」仕組みの詳細は，第3章で説明します）。ところが，網膜から視神経細胞に情報を伝えるポイントで，構造上，視細胞が入り込む余地がない網膜領域が出来てしまい，生理学的構造から本来全く見えていな

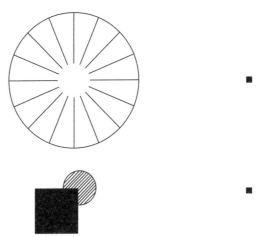

図 2-3　盲点での充填（文献 [7] より作図）

20

いはずなので，そのような網膜領域を盲点と呼びます。すなわち，視覚情報が入力できない領域が常に存在しているのです。脊椎動物の視神経が眼球から出ていく部位は各眼球の鼻側にあり，網膜には外界の像が反転して映るので，盲点に射影される外界の位置は耳側になります。視覚情報が入力できない領域があるにもかかわらず，私たちにとって日常的に盲点を感じることは難しいのです。それは，両眼視において盲点位置の視野が重なることがないため，両盲点の視野が常時補完されていることが一因です。それでは，片目をつぶった単眼視で，部屋中を見渡して，盲点を感じることができるかというと，それも難しいでしょう。実は，存在しないものを勝手に埋め込んでしまう「充填」という働きにより，感じるはずがないものを感じすぎることで，片目でも盲点に気づくことは難しいのです。

　図2-3上の右側の小さな四角を適当な距離から左目だけで見ると，左側の白い円形の空白が消えます（消えない場合には，本までの距離を前後して変えて下さい）。このとき，白い円形の空白が盲点に入っているのですが，中心から放射線状に伸びる直線の集合が見えるでしょう。これが充填であり，かなり複雑な図形が充填されていることがわかります。一方，図2-3下の右側の小さな四角を適当な距離から左目だけで見ると，右側の斜線で埋められた円形が消えます。このとき，円形が盲点に入っているのですが，その横にある正方形の右上は欠けた状態か，ぼんやりして見え，正方形として充填されて見えないのではないかと思います。すなわち，どのような複雑な図形でも充填されるわけではないのです（文献［7］）。

　このような充填は，盲点以外でも生じることが分かっていて，視覚系が足りない情報を補完する働きをもつことを示しています。何らかの対象が部分的に隠されていても，連続した面や輪郭線として認識できます。図2-4は，発見者の名前をとって，カニッツァの三角形（Kanizsa Triangle）と呼ばれます。代表的な錯視図形ですが，輪郭線がなくても，中心部分に白い逆三角形が知覚されます。物理的には中心に三角

図 2-4　カニッツァの三角形

形は存在しませんが，主観的輪郭（Subjective Contour）が感じられます。さらに，この逆三角形がその周りの領域より白く知覚されることで，浮き出しているように感じられます。充填によって，物理的情報より感じすぎる例は錯視図形には数多く見られます。

境界拡張

　錯視図形でなくても，外界から入力されていない情報を充填してしまう現象があります。具体的には，次のような方法で確認することができます。実験参加者に図2-5（a）のような情景写真を30秒間呈示した後，その写真を隠し，その写真の情景を手書きで描いてもらいます。典型的には，図2-5（b）のような線画が描かれるのですが，この実験参加者が書いた線画と，もともと呈示した情景写真を比べてみると，写真では見ていないはずの外側まで報告されることが多かったのです（文献 [8]）。すなわち，情景写真を呈示した後に描いてもらった線画には，写真に写っていた構成オブジェクトに加えて実験試行の95%で，図2-5（b）のような実際には呈示された写真に写っていなかった両端の柵や，上部の空間が描かれました。これは，もう少しカメラを後ろにおいて写した写真（図2-5（c））に相当します。このような現象は境界拡張（Boundary Extension）と呼ばれ，情景を拡張して予測して記憶する視覚系の特性を表していると考えられています。

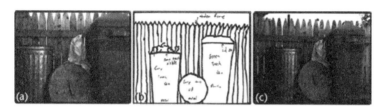

図 2-5　境界拡張（文献［8］）

　境界拡張は，情景写真のような2次元の情報でなく，3次元の空間情報を与えても生じます。そもそも，普通に撮影した写真とそれを少しクローズアップし，周囲を切り取った写真を作成し，その2枚を使って順番に呈示するとき，普通に撮影した写真を最初にして，次にクローズアップ写真を呈示すると両者の差異に気づきやすいのですが，境界拡張が生じるような，クローズアップ写真が最初で，次に普通に撮影した写真を呈示するときは，差異に気づきにくいのです。このような非対称性があることから，境界拡張が単なる情景写真に対する距離推定のあいまいさに起因するわけではないと考えられます。また，背景を消し，情景の中の物体だけを呈示する場合には，上記のような非対称の現象は生じないので，物体の大きさ変化を覚えておけないわけでなく，情景写真の境界部分の外側まで推定しているために生じる現象であると考えられます。このように感じすぎることはある種の錯覚ですが，観光地に行って記念撮影をし，多少窮屈の写真になってしまっていたとしても，私たちは写真で切り取られた以上の景色を感じ取ることができるとすれば悪くないですし，写真を見て共感し合えるのは，私たちが存在する情報だけから機械的に認識しているわけではない根拠にもなりえます。

クレショフ効果
　境界拡張が，いわば1つの空間的情報について感じすぎる現象だと

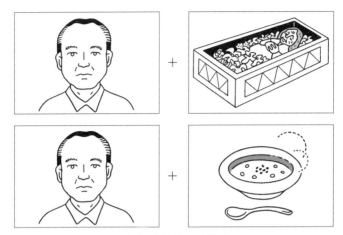

図2-6　クレショフ効果

すれば，次に紹介するのは，連続して呈示される複数の情報から，勝手に感じすぎてしまう現象と位置づけることができるでしょう。図2-6のように，無表情な男性の顔写真に，棺に入れられた老婆，暖かそうなスープをつなぎ合わせると，人物像はすべて同じなのに，それぞれ「悲しみ」，「空腹」という意味を顔写真から感じ取ってしまいがちです。すなわち，本来顔写真単体には含まれていない意味を私たちは感じすぎてしまうことになります。与えられた文脈情報によって，本来あいまいだったはずの表情判断が影響を受けてしまう，この現象はクレショフ効果（Kuleshov Effect）と呼ばれています。静止画だけではなく，動画でも同様の効果があります。カット割りでつなぎ合わせた映像が，個別ではさまざまな解釈ができても，つながりのなかでは特定の意味を持つと解釈することができるという効果は，映画制作の基礎でもあります。すわなち，役者は直接的に表情で演じなくても，前後のつながりで情感を感じさせれば十分な場合があり，映画監督はカット割りをうまく利用して，役者のなにげない表情をいかようにも演出することができるのです。

　ここまで，私たち自身が充填という内的処理をすることで，入力された外界情報以上に感じすぎてしまう現象をいくつか紹介してきました。さらに，本来は無意味とも思われる外的処理によって補完をすることで，外界を特定の解釈に誘導してしまう現象を紹介しましょう。

補完

　図 2-7 左を見ると，無意味な断片がいくつか配置されていると認識するのではないでしょうか。図 2-7 左の黒色部分を残し，いくつか灰色の円を描き加えたのが，図 2-7 右です。すなわち，図 2-7 の左右で，黒色部分は全く同じ図形要素であることは簡単に確認できると思います。ところが，図 2-7 右は，さまざまな方向を向いたアルファベット A，B，C，D が，それぞれ部分的に灰色の円で隠されているように認識できるようになります。このとき重要なのは，灰色の円自体にも，円の並び方にも，アルファベット A，B，C，D のそれぞれの文字を認識できるようになる情報は含まれていないことです。灰色の円で遮蔽された領域にはさまざまな図形が存在している可能性があるにもかかわらず，図 2-7 左の断片の輪郭のいくつかが，実際には輪郭ではなく，遮蔽された部分との境界を示すと解釈できるような役割を果たし，アルファベット A，B，C，D に認識できたことになります。逆に言えば，図 2-7 左からではアルファベット A，B，C，D が認識できないとい

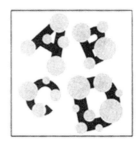

図 2-7　知覚的補完（文献 [9]）

うことは，遮蔽されている部分にアルファベット A，B，C，D であることを示す情報が存在すると仮定できないのです。

　ほぼ同様の知覚的補完現象として，聴覚にも音素修復と呼ばれる現象が知られています（文献［9］）。文章を読み上げた音声情報を用意し，その文章の最初から，200 ミリ秒間隔ごとに削除し，無音状態にしてしまいます。すなわち，音声情報の半分が無音状態ということになります。このようにして作成した音を聞いてみると，声が途切れ，耳障りで，何を言っているのか，非常に聞き取りにくくなります。いわば，図 2-7 左のように無意味な断片がいくつか配置されているのと同じ状態だと言えるでしょう。この無音部分に雑音を挿入します。雑音だけで聞けば，ザッ，ザッと一定間隔で聞こえる耳障りな音ですが，削除したはずの音声が滑らかに繋がって聞こえるようになります。音声にそのまま雑音を加えたものと区別できないこともあるといいます。このような補完現象は音声に限らず，音楽でも環境音でも生じることが知られています。たとえば，音楽に対する知覚的補完の場合，その音楽を知っているかどうかは，ほとんど関係なく，知らなかった音楽でも，同様の現象が生じます。

　仮現運動，盲点での充填，境界拡張，クレショフ効果は，入力情報には存在しない情報を脳内で自動的に作り出していることが確認できる現象です。バイオロジカルモーションとアニマシー知覚は，刺激自体に含まれているかもしれない高次の情報を脳内で見つけ出せることを示した現象です。知覚的補完，音素修復は，一見無関係な情報が，その背後に存在しているかもしれない可能性を自動的に仮定する現象です。このように，存在しない情報を勝手に作り出し，高次の情報を見つけ出し，背後に存在しているかもしれない可能性を仮定するという高度な処理に基づき，私たちが気づかないうちに感じすぎることを可能にしているのです。

感じすぎる症例

　前節までは，誰もが物理的に与えた刺激より感じすぎる現象を取り上げましたが，一般の人には感じられないことが，特定の人には感じることができる場合もあります。それらの現象を2つに大別して考えてみましょう。1つは，病的なものではなく，何らかの気質の個人差もしくは訓練により，一般の人と比べると，感じすぎと捉えられるような感じ方をする事例ですが，それは次節で取り上げることにし，ここではまず病的な症例として，感じるはずがないのに感じすぎる事例を取り上げます。

　実際にはないものをあるように感じすぎることは，一般に幻覚と呼ばれます。さまざまな感覚で幻覚が現れますが，もっとも多くみられる病的な現象が，実在しない人の声が聞こえる幻聴です。その声は，自分に対する悪口や噂であったり，何かの命令であったりします。そのほか，ほかの人に見えないものが見える幻視，普通なら感じないような身体の症状を感じる体感幻覚などが起こります。幻覚とは別に，非現実的なことやあり得ないことなどを信じ込む現象として，妄想がありますが，ここでは知覚された情報に基づく幻覚を感じすぎる現象として取り上げます。以下では，病的な症例として，統合失調症，シャルル・ボネ症候群，レビー小体型認知症，感覚過敏，盲視を挙げてみましょう。

統合失調症

　統合失調症では，思考，行動，感情を統合する能力が長期間にわたって低下し，幻覚，妄想などが見られます。統合失調症の発症は，1つの原因に起因するものではなく，いくつかの危険因子が重なって発症すると考えられています。病気になりやすい脆弱性があるところに，さまざまなストレスが重なることが，発症の引き金となります。この

統合失調症でよく見られる幻覚が，幻聴です。実際にはないものが実際にあるように感じられる症状で，人の声が聞こえてきたりします。命令口調の幻聴，特に「死ね」とか「殺せ」とかいう命令幻聴には十分な注意が必要です。一生の間に統合失調症のような病態になる確率は，およそ 100 人に 1 人とされています。ただ，多くの患者が回復し，社会に復帰しているので，どうやって社会参加を支援していくのかが課題であり，そのためには社会において偏見を無くしていくことが重要です。

シャルル・ボネ症候群

　シャルル・ボネ症候群（Charles Bonnet Syndrome）とは，加齢黄斑変性症や緑内障，白内障などで視力が損なわれたときに，幻視をリアルに体験する症状です。さまざまなものが見え，それらが非常に鮮明で，実物としか思えないといいます。記憶にあるものを呼び起こし，それを映像として認識することは，睡眠時の夢も同様ですが，シャルル・ボネ症候群では覚醒時に同じ現象が起きているという見方もあります。視力が低下すると，脳の視覚関連領野が入力情報を渇望し，結果的に，ある種の幻視によってリアリティを感じてしまうために生じる現象とも言われますが，患者にとっては異様な光景を目の当たりにしていることになり，深刻な問題です。さらに問題なのは，多くの患者が誰にも相談できず，誰かに症状を訴える人は 1% 程度にすぎないとも言われる点です。1 人で悩まず，必ずしも精神疾患ではないことを本人にも周囲の関係者の方々にも理解してもらうことが重要でしょう。

レビー小体型認知症

　パレイドリア（Pareidolia）は，既知の知識に基づき，視覚や聴覚で得た情報を解釈してしまう現象です。壁のしみが人の顔に，雲の形が動物の姿に見えるなど，実際とは違って感じすぎて知覚される現象であり，レオナルド・ダ・ヴィンチが，パレイドリアは画家が持つひ

■新刊

國分功一郎・熊谷晋一郎

〈責任〉の生成　中動態と当事者研究

責任（＝応答すること）が消失し、「日常」が破壊された時代を生き延びようとするとき、我々は言葉によって、世界とどう向き合い得るか。『中動態の世界』以前からの約10年にわたる「当事者研究」との深い共鳴から突き詰められた議論／研究の到達点。

ISBN978-4-7885-1690-8　四六判変形432頁・本体2000円＋税

F.ニューマン・L.ホルツマン／伊藤 崇・川俣智路 訳

革命のヴィゴツキー　もうひとつの「発達の最近接領域」理論

ロシアの心理学者ヴィゴツキーの理論が、21世紀の社会問題に取り組む方法論として見直されている。日常の場で「頭一つぶんの背伸び」をして、自分でありながらそうでない存在になる「パフォーマンス」が生み出す「革命」の理論と方法。

ISBN978-4-7885-1684-7　四六判452頁・本体3600円＋税

E.ゴールドバーグ／武田克彦 監訳

創造性と脳システム　どのようにして新しいアイデアは生まれるか

イノベーションの時代、創造性をどう高めるか、発揮するかへの関心がますます高まっています。脳研究の最新成果から人工知能の創造性の問題まで、幅広い知見を新しい視点から統合して、脳科学の専門家にも専門としない人にも楽しく読めるよう提示。

ISBN978-4-7885-1695-3　四六判416頁・本体4300円＋税

前川あさ美・田中健夫

絵本がひらく心理臨床の世界　こころをめぐる冒険へ

大人にとっての絵本とは？　忘れていた遊びごころ、思い込みからの解放──絵本によって深く揺さぶられ、ほぐされるこころの在りようを、心理臨床の視点から、ときにはひとりの親として読み解いていく。人生に豊かな気づきをもたらす絵本の世界へ！

ISBN978-4-7885-1694-6　A5判176頁・本体2200円＋税

櫻井茂男

思いやりの力　共感と心の健康

死ぬときに幸せだったと思えるには？　答えは千差万別。でも人を思いやることができた人は心も平安ではないでしょうか。人は時に利己的です。思いやる心はどう育つのか，思いやりのない人とどうつきあえばいいのか。心理学の成果をわかりやすく解説。

ISBN978-4-7885-1692-2　四六判 208 頁・本体 2200 円＋税

松本光太郎

老いと外出　移動をめぐる心理生態学

新型コロナは外に出ないよう強いますが，特養の居住者は，そもそも移動に不自由があります。しかし彼らは，車椅子で屋内を移動することで日々新たな対象に出会っています。その生活に同行するなかで見えてきた，新しい人生段階としての老いの時間。

ISBN978-4-7885-1693-9　四六判 336 頁・本体 2800 円＋税

苧阪満里子

高齢者のもの忘れを測る　リーディングスパンテストによる ワーキングメモリ評価

加齢とともに「物忘れ」が急速に増加し，認知症の危険も高まりますが，これにはワーキングメモリの減少が関わっています。本書は，高齢期の人たちを対象として，ワーキングメモリを簡便に測定できるよう開発されたテストとそのマニュアルです。

ISBN978-4-7885-1696-0　Ａ５判 304 頁・本体 4500 円＋税

重野 純

本心は顔より声に出る　感情表出と日本人

日本人は感情をあらわにせず「空気を読む」といわれ，欧米人には奇異に受け取られることがあります。話し手の本当の感情（本心）のごまかしは顔でするのか，声でするのか，言葉でするのか─欧米人との比較からわかった日本人のコミュニケーション。

ISBN978-4-7885-1691-5　四六判 184 頁・本体 1900 円＋税

やまだようこ著作集 第4巻

質的モデル生成法　質的研究の理論と方法

質的研究の実際の方法は，いつでも，どこでも，誰でも同じようにすればよいというものではないため，マニュアル化できません。日本質的心理学会設立前とその後の 20 年以上の活動から生まれた質的心理学の「ものの見方」と「方法論」に関する論文を掲載。

ISBN978-4-7885-1697-7　Ａ５判 384 頁・本体 3900 円＋税

■文学・思想・哲学 ───────────

平川祐弘 編

森鷗外事典

陸軍軍医総監に上りつめ，文学者としても漱石との双璧を謳われた
鷗外。その多面的魅力の全貌を明らかにした初めての本格的事典。
ISBN978-4-7885-1658-8　Ａ５判 768頁＋口絵２頁・本体 12000 円＋税

西山けい子

エドガー・アラン・ポー　極限の体験，リアルとの出会い

ポーの魅力を怪奇小説・探偵小説の祖というだけでなく，常に境
界を超出してリアルに出会おうとする現代的作家資質に見出す。
ISBN978-4-7885-1669-4　四六判 328頁・本体 3200 円＋税

堀井一摩

国民国家と不気味なもの　日露戦後文学の〈うち〉なる他者像

桜井忠温『肉弾』，漱石『心』，大逆事件などをめぐる日露戦前後
の文学を題材に，国民化の圧力と不気味なものの噴出を活写する。
ISBN978-4-7885-1678-6　四六判 408頁・本体 3800 円＋税

小倉孝誠 編著

ワードマップ 世界文学へのいざない　危機の時代に何を，どう読むか

文学は常に危機のなかにあった。近代 200 年の世界文学の豊穣の
森に分け入り，危機を生きる人間の知恵とエネルギーを享受する。
ISBN978-4-7885-1683-0　四六判 328頁・本体 2700 円＋税

佐藤邦政

善い学びとはなにか　〈問いほぐし〉と〈知の正義〉の教育哲学

善い学びとは何か。ソクラテスの問答や寺子屋をヒントに認識的
な善の定義を探究し，〈問いほぐし〉の実践を提唱する。
ISBN978-4-7885-1648-9　四六判 266頁・本体 2400 円＋税

日本記号学会 編
叢書セミオトポス15

食の記号論　食は幻想か？

「料理の三角形」から，食べないこと，料理レシピ，「目玉焼きの
食べ方」，「へぼ」追いまでを題材に「食の記号論」を展開。
ISBN978-4-7885-1682-3　Ａ５判 216頁・本体 2700 円＋税

■言語論 ───────────

熊谷高幸

「自分カメラ」の日本語「観客カメラ」の英語　英文法のコアをつかむ

なぜ「いま行きます」が "I'm coming." になるのか？　日本語と
英語の根本的な違いの理由が納得できる，究極の英語再入門！
ISBN978-4-7885-1666-3　四六判 232頁・本体 2200 円＋税

とつの道具だと書いているようですが，それ自体は画家だけが持つような特殊な能力ではありません。インクの染みに投影された回答者の思考や感情を意図的に引き出すロールシャッハ・テストは，被験者の精神状態を洞察するためにパレイドリアを活用しています。パレイドリアは強迫性障害に関連付けられることがあるものの，それ自体は病的なものではありません。ただ，認知症の一種であるレビー小体型認知症（Dementia with Lewy Bodies）は，脳の神経細胞が原因不明に減少する認知症として，アルツハイマー型認知症についで多いのですが，レビー小体型認知症の患者は，実在しない人物や動物の幻視，パレイドリアを頻繁に体験することが知られています。逆に言えば，アルツハイマー病では，こうした幻視がみられるのは稀です。レビー小体型認知症の場合には，記憶に関連した側頭葉と情報処理をする後頭葉が萎縮するために，このような幻視が出やすいと考えられており，感じすぎた結果としてのパレイドリアという幻視と"現実"の乖離を自覚できなくなると深刻な問題となりえます。ただ，レビー小体型認知症の幻視は，統合失調症の幻視とは異なり，見えている人に何かをするといった危害的行動をとらないものであるという認識がとても大切です。

感覚過敏

　シャルル・ボネ症候群やレビー小体型認知症と同様に，過剰な体験，すなわち感じすぎる別の症例として，感覚がとても敏感であることにより，生活に大きな不便が生じてしまう方がいます。発達障害の方に多いとされているのですが，たとえば聴覚過敏で特定の音が苦手であったり，視覚過敏で明るい屋外をとてもまぶしく感じたりします。聴覚過敏の方にとって，運動会で使うピストルの音で，動悸が激しくなり，不安感に襲われ，パニックになるような場合もあります。学校によっては，ピストルの代わりに笛にするなどの対応をしているようですが，社会の中で理解が浸透しているとは言い難いのです。他人に

は察知できない感覚異常は，それが本人にとってどんなに辛い症状でも，日本では障害者と認定されません。うさぎが目印の聴覚過敏保護用シンボルマークが SNS などを通じて拡散し，ヘッドフォンに貼られているのを見かけるようになったのはごく最近でしょう。

　一方，視覚過敏の方は，屋外でサングラスをかけたり，帽子をかぶったりすることで，光をさえぎると同時に，視界も狭くなり，刺激が緩和されることになります。屋内では，間接照明にし，シンプルな色に統一することで，やはり刺激が緩和されます。疲労が溜まったり不安が強くなったりすると，視覚過敏症状が出やすくなるので，自分なりにリラックスできる方法をいくつか見つけておくことが大切ですが，何より周囲に理解者を増やし，照明から遠く，なるべくまぶしくない座席にしてもらうなどの配慮が得られるように，自ら説明しておくことが必要でしょう。

　配慮することなく刺激呈示されたことによって生じた問題の典型が，いわゆるポケモンショックです。1997 年 12 月に，アニメ『ポケットモンスター』のテレビ放送を見ていた視聴者の一部が体調不良を訴え，病院に搬送され，患者の症状は主に光過敏性発作，不定愁訴，不快気分，頭痛や吐き気などでした。このポケモンショックは，現代社会の刺激過剰がもたらした災厄であり，原因は激しい光の点滅を断続的に見たことにより，光過敏性発作が引き起こされたためです（本章コラム参照）。

盲視

　感じているという意識がないのに，感じていることと同様の行動が可能である症例として，盲視（Blindsight）があります。視覚情報は大脳皮質で階層的に処理されますが，その最初の段階が第一次視覚野です。この第一次視覚野が損傷を受けると，見えるという感覚が得られなくなります。脳損傷によって"見え"という意識が障害を受けることを示しています。ところが，損傷を受けた場合だけでなく，損傷を受けた第一次視覚野を取り除くような手術後には，当然ながら患者が

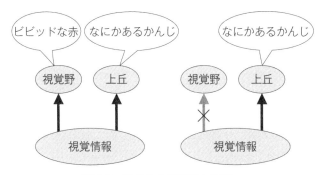

図 2-8　視覚の 2 重経路と盲視

外界の物体が見えないと主張しますが，その物体を驚くほど正確に指
さしたりでき，色や簡単な形も見分けられる症例なども明らかになっ
ています。このような現象を盲視と呼びます。盲視は，視覚系の情報
処理が少なくても図 2-8 のように 2 重経路になっていて，第一次視覚
野を介さない上丘経路などによって行なわれる視覚情報処理に基づく
と考えられています。逆に言えば，"見え" という意識に関わらない，
もう一方の視覚経路が存在するということを示す現象ということにも
なります。"見え" という意識がないはずなのに，脳内では視覚的に
感じるということがありえることになります。

　シャルル・ボネ症候群，レビー小体型認知症，盲視など，病名がつ
いているものは，たとえば脳内の部位が限局されるなど，その原因が
明らかになっていることが多いのです。逆に言えば，そのような脳内
部位が，幻視などを病的に感じやすくなってしまう現象を引き起こし
ているという対応関係を見つけることができます。

ごく一部の人が感じすぎ

　次に挙げるのは，何らかの気質の個人差もしくは訓練により，一般

の方とは異なる感じすぎる事例であり，絶対音感と共感覚を挙げてみましょう。

絶対音感

　音感とは，音の高低を認識できる能力です。人間は大幅に音高が異なれば誰でも区別できますが，誰でも言い当てることができる音域間を識別できたとしても，一般的には「音感がいい」とは言いません。音感は，音の高さの認識の仕方によって，絶対音感と相対音感に分類され，絶対音感はその音の絶対的な高さを即答できる能力を指し，相対音感は基準の音との比較によって判断できる能力を指します。絶対音感保持者は音高を，ド，レ，ミ，ファなどのクロマ（音名に対応する特有の響き）で捉えて，音高を音名で言い当てる能力を持ちます。簡単に言えば，ピアノの鍵盤の音すべてを音名で言い当てられる音感ということになります。絶対音感保有者は，日常生活で耳にするサイレンやクラクションなどについても音高を聞き分けられますが，必ずしも正確ではないことも知られていて，そもそも絶対音感保有者の中でも高精度な人も，精度が落ちる人もいて，個人差があります。

　絶対音感を生まれながらにして持っている人は，20万人に1人だと言われていますが，適切な時期にトレーニングを行なえば，絶対音感を身に付けることができます。聴覚の発達は4〜5歳で臨界期を迎え，8歳には完成すると言われるので，4〜5歳の時期に絶対音感を養う反復トレーニングをさせるのが効果的であり，楽器練習などを継続することによって絶対音感を維持することができます。絶対音感保有者は音楽家として有利な場合があり，キー（調性）をひとつ上げるというような場面で対応できたり，楽譜を読まずに音源だけ聴いて暗記し再現したりすることもできるのです。

　一般的に音楽を楽しむときに，絶対音感が必要かというと，そうではないでしょう。クラシックの曲では，調性が作品の個性として使われていますが，絶対音感を持たない人にとって，移調しても音楽の個

性は変わらないのではないかという疑問がわきますが，調性が分からないことが音楽に対する繊細な感覚を持ち合わせていないということにならないことにも注意しなければなりません。実は，主音はきちんと認識され，その主音との相対関係として調性が決まり，調性にクロマがあるのです。したがって，絶対音感を持たないが，相対音感に優れた人ならば，音楽に対する繊細な感覚を持ち合わせている可能性は十分にあります。

共感覚

　共感覚（Synesthesia）とは，1つの感覚器官の刺激によって，複数の感覚を知覚する現象です。たとえば，音を聞いたり，数字を見たりすると，色を感じる現象です。必ずしも最終的に色を感じる現象が共感覚というわけではなく，さまざまなタイプの共感覚が存在することが知られていますが，文字を見て色を感じる色字共感覚者の研究が進んでいます。色字共感覚者の存在確率は，以前はかなり稀だと言われてきましたが，現在は1.4％存在すると言われています。

　このような共感覚者は，物理的には黒い文字に対して，黒とは別の共感覚色が見えると答えますが，全体として共感覚者間で共感覚色が一致することはありません。また，それぞれの色字共感覚者の，文字と色との対応関係は一生変わらないと考えられています。共感覚は主観的に報告されるものなので，客観的には文字と色との対応関係の安定性が高いことで共感覚者かどうかを判断することになります。

　多くの共感覚者は目立った脳の発達障害もなく，自閉症なども伴わないし，天才的能力を発揮するわけではありません。歴史的には，画家や音楽家，詩人などの芸術家が共感覚を持っていたと言われていますが，もし色字共感覚者の存在確率が一般の方と同様に，芸術家の1.4％が共感覚者ということになるならば，共感覚者の方が芸術的才能に恵まれているという結論を出すことができないはずです。共感覚者の一等親血縁者にも共感覚者がいる可能性が高く，共感覚には遺伝

的要因もあると考えられています。私たちは誰でも共感覚を引き起こす可能性を有する特徴処理間（たとえば，文字処理と色処理の間）の結合関係を持っていますが，たとえば非共感覚者は特徴処理間の興奮性結合と抑制性結合のバランスがうまくとれているので交差活性化せず，結果的に2つの感覚が共感覚として同時に意識されることはないのですが，共感覚者は特徴処理間の興奮性結合と抑制性結合のバランスに偏りがあり，特徴処理間で交差活性化するのではないかと考えられます。

　統合失調症，シャルルボネ症候群，レビー小体型認知症，感覚過敏，盲視，絶対音感，共感覚といろいろな例を挙げてきましたが，重要なのは，感じすぎと称することがふさわしい特異な感じ方をする方々が一定数存在する，言い換えれば同じ環境の中にいたとしても誰もが同じように感じているわけではないことを理解することが必要だということでしょう。病的な症例では深刻な事態も引き起こしかねないので，それを緩和する対応が求められますが，一方では全員が同じように感じない個性豊かな社会を維持する寛容が求められているのです。

Column　ポケモンショック

　ポケモンショックとは，1997年12月16日にテレビ東京とその系列局で放送されたアニメ『ポケットモンスター』の視聴者の一部が光過敏性発作などを起こした事件です。番組後半に，主人公たちが電脳空間に入り込み，ピカチュウの攻撃で全面が赤と青の点滅を十数秒に渡って繰り返すという内容に問題があったと考えられています。4歳から12歳までの345万人が視聴していたと推定されており，光過敏性発作などの患者は約750人に昇りました。この割合は，光感受性てんかんの頻度が4千人に1人と言われてきたことにほぼ一致し，ポケモンショックは健康正常人の中に潜在的光感受性

者が一定割合存在することが明らかにしました。

　光感受性者は強い光に遭遇しない限りは無症状でも，重症者から軽症者までさまざまな程度が存在します。てんかん症候群の中には光感受性を示す人が多いのですが，てんかん症候群と光感受性との関係は必ずしも明らかではなく，軽症の光感受性者の多くは，てんかん発作とは無縁であると考えられています。

　1998年4月にNHKと民放連は，放送界共通のガイドラインとして，「アニメーション等の映像手法に関するガイドライン」を示しました。医者や心理学者などの専門家を加えて原因を分析した結果，映像や光の点滅，特に鮮やかな赤の点滅やコントラストの強い画面の反転や急激な場面転換，規則的なパターン模様の使用を避けることにより，危険をかなり回避できることを確認し，各放送局が遵守することを求めています。さらに，国際電気通信連合において，2005年2月に「テレビ映像による光感受性発作を抑えるための指針」という勧告が成立し，この勧告を参考にガイドラインが一部改訂されています。

　ガイドラインが示された後，テレビ東京がポケモンショックに対する検証番組を放映し，そのような番組の放映自体は重要であったのですが，番組の最後に担当アナウンサーが，テレビが未知であることを肝に銘じる趣旨の総括をしたことについて，強い違和感が残ったことを記憶しています。テレビが未知なのではなく，人間の方が未知なのです。いかなるマスメディアも人間の限界を超えるかもしれない刺激を提供するような実験をしてはいけないのは明らかですが，人間についていつまでも未知であるところが残るという限界を確認しなければなりません。未知な分野を解明しようという研究を進めるための認知心理学実験でも，先端的研究の方法・意味とその影響を考える実験倫理の矛盾した状況があり得るので，関係者の慎重な対応が求められています。

3章 感じ取る──感覚入力

ここまで感じない現象，感じすぎる現象を取り上げてきました。いずれも外界の情報を，五感に対応する感覚器官で処理した結果です。そもそも感覚器官は，外界の情報をすべて処理できるわけではなく，機能的な制約があり，情報を取捨選択している結果として，感じない現象，感じすぎる現象が生じることになります。ここでは，各感覚器官の機能的な制約を説明していきましょう（各感覚器官の構造や機能は他書（たとえば，文献 [4]）でも知ることができますので，興味のない読者はこの章を読み飛ばしても，本書の主たる内容を理解することには大きな影響はありませんが，私たちの日常生活に必要な機能を，精緻な構造で実現できていることを知ることで，改めて感嘆してもらえるはずです）。

さて，視覚は光を，聴覚は空気振動を，嗅覚と味覚は化学物質を，触覚は温度や圧力を感知することで，外界からの情報を得ています。このような感覚入力は必ずしも受動的なものではなく，感じ取ると表現した方が妥当な場合が多いのです。まずは，外界をどの程度正確に感じ取れるのかについて，五感それぞれを確認していきましょう。

視覚の仕組み

視覚とは，図 3-1 のように，水晶体というレンズに入ってきた外界光を，網膜に収束させ，像を結ばせ，視神経を通して脳に伝える仕組みです。

水晶体の前面で「絞り」の役目をする虹彩を調節して，瞳孔を通る光の量を変化させます。像を得るためには，外界のさまざまな場所か

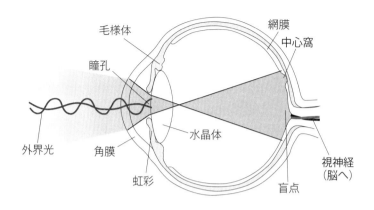

図 3-1　視覚の仕組み

らの光線を 1 点に向けて屈折させることで，焦点を合わせなければなりません。そのために，レンズとしての水晶体の形状を変化させ，焦点距離を調節して適切な焦点面の位置にしています。すなわち，焦点の遠近調節は水晶体の厚さを変えることによって対応することになります。水晶体の周りの毛様体筋が，状況に応じて水晶体を引っ張ったり緩めたりしながら，水晶体の屈折力を調節する機能を果たしています。近くのものを見ようとするときは毛様体筋が収縮して，屈折力が大きくなるよう水晶体の厚みが増加します。遠くを見るときは，毛様体筋が緩まり，水晶体を薄くしてピントを合わせます。

　私たちの眼はこのような調節を自動で行なっています。この遠近調節の能力を視覚の調節力といい，加齢により調節力は低下します。網膜では，位置関係を保持しながら，明るさや色などの特徴抽出が行なわれています。視力検査などでいう視力とは，2 つの物を分離して見ることができる最小の間隔，すなわち解像度のことです。解像度は視野全体に均等ではなく，中心視と周辺視では極端に異なります。視角 1 度ぐらいの中心視の範囲が，いわゆる視力のよい領域です。

　視角 1 度というのは，全方位が 360 度であるので，その 360 分の 1

です。1円玉の直径が2センチなので，1円玉を片手に持って，腕を伸ばしてかざした大きさが視角2度の範囲ということになります（正確には，目から約57センチ離れたところの1センチが視角1度，2センチが視角2度です）。すなわち，腕を伸ばしてかざした1円玉の4分の1の領域（1度四方は，2度四方の面積の4分の1）しか，私たちは十分な視力で見えていないことになります。2つの物を分離して見ることができる間隔の視角を分（度の60分の1）で表し，その逆数が視力として定義されます。視力検査で使われるランドルト環（Landolt ring）は，図3-2のように，5×5のマス目を使って構成されており，円の切れ目となる1マスの一辺の分単位の視角の逆数が視力です。すなわち，判別できる最小の間隔が視角1分ならば視力1.0，視角5分ならば視力0.2ということになります。図3-2の大きさのランドルト環を5メートル離れたところから見て，正確に切れ目の方向がわかれば，視力1.0が確保されていることになります。この視力は中心視の解像度を反映しているので，中心視から少しでも外れると急激に視力は低下します。中心から視角5度離れると，視力は4分の1程度になります。

　視覚情報の入口は瞳孔です。この瞳孔の直径は光強度に応じて4倍くらいまで変化します。面積変化による単純計算でいうと，10倍以上の光量調整ができることになります。ところが，私たちが生活する

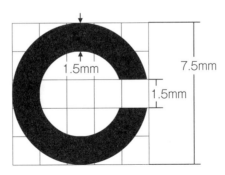

図3-2　ランドルト環

環境での光強度の変化は，1000万倍と言われています。私たちの視覚は，このような大きな光量変化に瞳孔の大きさの調整だけで対応しているわけではありません。すなわち，光強度の変化への対応は，瞳孔の大きさ変化だけでなく，網膜以降の機能により行なう必要があります。視細胞には桿体細胞と錐体細胞が存在し，両者の役割分担によって，非常に明るい太陽の下から，星明かりの暗い環境まで，物を見るために対応することができます。日常生活における光強度レベルの視環境が明所視であり，桿体細胞のみが働くような光強度レベルを暗所視です。明るいところから暗いところに移ると，約1時間にわたって光を感じる強度限界，すなわち光覚閾が次第に低下します。逆に暗いところから明るいところに移ると数分で光覚閾が急上昇します。すなわち，明から暗ではなかなか慣れず見えるようにならないが，暗から明ではすぐに見えるようになります。これを暗順応および明順応と呼びます。このような順応により，光の増減に対して，最適な対応ができる状態になりますが，このように時間がかかるのは，視細胞がそれに適応し，落ち着いた状態になるまでの時間が必要なためです。

　視覚とは光を感じ取る，すなわち極言すれば明るさを感じ取る感覚です。光の有無だけではなく，さまざまな光強度の入力に対して，感じ分けることが必須です。ところが，物理的な明るさを正確に感じ取ることが視覚ではないことを次の例で知ることができるでしょう。図3-3はチェッカーボードが右からの光源に照らされているように知覚されるでしょう。このとき，おそらく，それを聞いてもなかなか信じられないに違いありません。そのような場合には，上の2つの正方形を隠してみてください。そうすれば，下の2つの正方形がまったく同じ輝度分布を持っていることが確認できます。このような現象は，照明の強さと無関係に黒い物は黒く，白い物は白く見える，明るさの恒常性という現象が関与しており，視覚が明暗の対比をもとにして表面の反射率を識別していることに基づきます。光源からの照明を仮定することで，安定した世界環境を把握するために役立っています。すな

図 3-3　明るさの恒常性

わち，仮に右下から照明があたっている白黒のチェッカーボードを写真に撮れば，図 3-3 のような輝度分布になり，このような解釈は間違っていないのです。

　視覚で感じるのは明るさだけではなく，色も重要な視覚特徴です。ある波長帯の電磁波が光であり，そのうち人間が見えるのは約 380 から 780 ナノメートルの波長です。すなわち，この範囲の波長を持つ光が可視光と呼ばれます。色覚とは，主に可視光の波長分離能力であり，波長の違いが色相の違いです。ただし，色の見えは波長だけで決まるわけではありません。一般に色相に，彩度と明度を加えた 3 つの属性に分割して色を考えることができます。

　色弁別閾，すなわち色を識別できる限界を調べると，ほとんど無限とも思えるほど無数の色を識別する色覚能力が私たちに備わっていることが分かります。ところが，私たちは日常それほど多くの色を区別して用いることはありません。虹は連続して変化する色を持っていますが，何種類の色に見えるかに関して回答することは可能です（日本では，虹は 7 色と言われますが，これが国際的に共通する数というわけではありません）。すなわち，細かい色の違いが分かったとしても，それらをいくつかのカテゴリーに分け，そのカテゴリーに色名をつけて呼

んでいるかは異なります。言語によらず共通の 11 色（白，黒，赤，緑，黄，青，茶，橙，紫，ピンク，灰色の 11 色）の基本色彩語（basic color term）があるという主張もあります。

　視力のよい領域が視角 1 度ぐらいの中心視の範囲であるという説明をしましたが，そのような制約があっても，私たちが外界を広く認識できるのは，眼球運動によって中心に捉える領域を随時変えることができるためです。主な眼球運動としては，静止した対象を追うときの跳躍運動（サッケード）と，運動する対象を追うときに生起する随従運動があります（運動対象が素早く動いて随従できなくなると，跳躍運動になることもあります）。1 秒間に数回のサッケードをしているにもかかわらず，私たちがそれを意識することは滅多にありません。

　他人の眼球運動を観察することは簡単でも，自分の眼球運動をその場で観察することは難しいのです。たとえば，自分の顔を手鏡で見て，鏡に映る自分の右目と左目を交互に見てください。このとき，他者が見ればあきらかに眼球が動いているのに，自分の眼球運動を鏡で観察することはできません。これは，サッケード抑制といって，サッケードしている間は実は私たちは視覚情報を取り込んでいないためです。身体の動きや眼球運動によって，脳に伝えられる外界の視覚入力は常に変動します。サッケード抑制や瞬きによって，外界からの視覚入力は頻繁に途切れているにもかかわらず，脳で認識される情景は連続的で安定した世界として捉えられているのは，常に脳内で補完と充填が行なわれているためです。

　2 台のカメラを横に並べて，同じ方向に向けて同時にシャッターを押して写した写真を，それぞれカメラの並びと同様の左右の目それぞれに呈示すると，2 枚の写真から，立体的な情景を再現することができます。これが，立体視です。ただ，一方の物体が他方の物体を遮蔽していれば，遮蔽している方が前面にあるということは分かるというような手がかりだけではなく，それぞれの画像が無意味に見えても，立体視ができることを示したのが，図 3-4 のようなランダムドットス

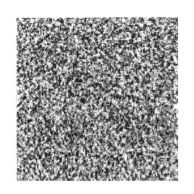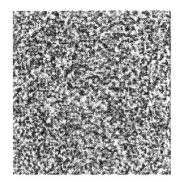

図3-4　ランダムドットステレオグラム （文献 [4]）

テレオグラム（random dot stereogram）です（文献 [10]）。

　ここでは，ランダムな位置にドットを配置したパターンを2枚作成するとき，部分的に左右どちらかに少しずらして配置します。こうして作成された2枚のランダムドットパターンをそれぞれ単独に見ても，特定の形状を知覚することはできません。ところが，この2枚を立体鏡で見ると，ずらして配置した領域の奥行きだけが違って見えます。初めてランダムドットステレオグラムの奥行きが見えたときには，誰でもかなり感激します。これは，物体を認識する前に両眼視差の検出が可能であることを示しています。ランダムドットステレオグラムが立体的に見えるということは，各ドットの奥行きが確定したことを意味します。しかしながら，それぞれのランダムドットの対応を決めるというのは，実は気の遠くなるような脳内処理が必要です。

　正確な両眼視差が得られなくても，さらには両眼視差が存在しなくても，さまざまな奥行き手掛りによって奥行き感が生じます。絵画的奥行き手がかり（Pictorial Depth Cue）と呼ばれるさまざまな手がかりによって，私たちは奥行きを総合的に判断しています。具体的には，同じ物体ならば近くの物体の方が遠くの物体より大きく，手前の物体は遠くの物体を隠してしまい，照明が上方から来ることを仮定するこ

とで，表面の凹凸に基づく陰影が手がかりとなります。絵画では遠近感を表現するために絵画的奥行き手がかりが積極的に利用されているので，私たちは絵画から豊かな 3 次元世界を感じることができます。ランダムドットステレオグラムのような単眼からの情報では奥行き手がかりがまったくないという状況は日常的には稀であり，私たちは奥行き情報を得るために絵画的奥行き手がかりを日常的に利用しています。

聴覚の仕組み

　聴覚もユニークなメカニズムが働いています。音，すなわち空気の振動は，図 3-5 のように，耳介（一般に耳と呼ばれる部分であり，外に張り出し，集音する器官），外耳道を介して鼓膜に到達し，中耳のツチ骨・キヌタ骨・アブミ骨という 3 つの耳小骨に伝わって，内耳に至ります。

　内耳の蝸牛はらせん状に 2 回転半しており，内部はリンパ液で満たされています。蝸牛のリンパ液が振動すると，蝸牛内部にある基底板に振動が伝播します。基底板上には有毛細胞が存在しており，基底板が振動することによって，これらの有毛細胞の感覚毛に変位が引き起こされます。基底板上の有毛細胞は音の高低順に蝸牛の入り口から並んでいます。すなわち，通過帯域の異なるフィルタが互いに重なり合いながら並んでいることになります。内耳で音の振動が電気信号に変換され，脳幹の上オリーブ複合体から視床の内側膝状体を経て，大脳皮質の聴覚野に至ります。音の高さを周波数で示すと，20Hz から 20,000Hz までが可聴帯域です。実際に会話での聞き取りに必要な音は 250Hz から 3,000Hz がほとんどなので，電話で伝送している音声周波数は，基本的に 300 ～ 3,400Hz の帯域幅となっています。鈴虫の鳴き声が 4,000Hz 以上の高い周波数となっていても，20,000Hz までの可聴帯域に収まっている範囲で私たちには聞こえますが，3,400Hz までの帯域幅である電話を通じては聞こえなくなります。当然なが

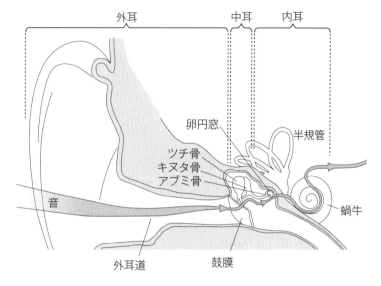

外耳　　　　　　　　　　中耳　内耳

卵円窓
半規管
ツチ骨
キヌタ骨
アブミ骨
音
蝸牛
外耳道　　　　鼓膜

図 3-5　聴覚の仕組み

ら，電話での伝送帯域は，鈴虫の鳴き声を伝えるためではなく，人間同士の会話を可能にするために決まっているのです。一方，音楽などを収める規格（CD-DA）では，音楽 CD のサンプリング周波数として44,100Hz が採用されているのは，標本化定理により 22,050Hz が記録可能な周波数の上限値ということになり，20,000Hz までの可聴帯域が全てカバーできることに基づきます。

　人間の耳は，3,000 から 4,000Hz あたりが最も感度が良いのです。可聴帯域外の音は高音については超音波，低音については低周波音と呼ばれます。とくに低周波音については聴覚的には判別することはできないものの，振動などにより感じることが可能であり，その存在を可聴帯域の音とあわせて確認できます。可聴音圧は 20μPa から 20Pa（パスカル）であり，20μPa を 0dB とすると，120dB までが可聴値となります。それ以上の音圧では鼓膜が破損することがあり，120dB

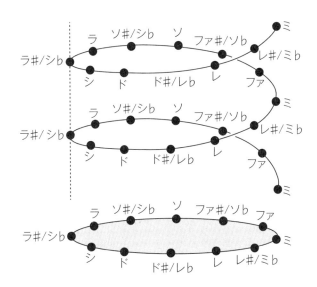

図 3-6　音名のらせん構造（文献 [11] より改変）

以下でも長時間聞いていると難聴になります。

　音の高さは，基本周波数を上昇させていくと高く感じられます。ただし，基本周波数が2倍になったときに（音の高さが1オクターブ上がったときに），元の音に帰ってきた印象になり，1オクターブごとに同じ音名が使われる循環的性質も持ちます。このような性質は，図3-6のような音名のらせん構造モデルで表現されます。また，基本周波数が2:3（完全5度），3:4（完全4度），4:5（長3度），5:6（短3度）など簡単な整数比になるような2音を同時に鳴らせば快い音色になることは紀元前6世紀から知られています。長三和音は，長3度上の音，完全5度上の音からなる和音であり，短三和音は，短3度上の音，完全5度上の音からなる和音です。たとえば，典型的な長三和音であるドミソ3音の周波数の比はド：ミ：ソ = 4:5:6となります。それぞれの倍数に注目してみると，12，20，24，30倍などの倍音の周波

数が3音のうちの2音と一致するために，快い響きとなります。

　両耳によって，外界の対象物の位置を知ることができます。音源が正面にある場合が最も精度が良く，周波数が250Hzから1,000Hzの範囲ならば，視角1度の方向の違いも聞き分けることができます。一般にステレオと称されているものは立体音響のことであり，2個以上のスピーカーを用いて，それぞれ異なった音を出し立体的な音響効果を出すものです。

　また，2つ以上の音源から1つの音源だけを選択的に聴取することができ，これをカクテルパーティ効果と呼びます。妨害となる音源に比べ，聴取したい音源の大きさが大きく，音域や音色，音源の方向が異なれば，当然ながら選択的聴取が容易になります。たとえば，オーケストラにおいて，音域が重複する弦楽器の中でヴィオラの音を選択的に聴取することは難しいのですが，オーボエの音は比較的明瞭に聞き分けることができます。それが，管楽器の中で管を抜き差ししてピッチを調整しない楽器であるオーボエが，オーケストラのチューニングという大役を果たすことにつながるわけです。

触覚の仕組み

　触覚は，五感の中でかなり特殊です。他の感覚が眼，耳，舌，鼻という局所的感覚受容器によって生ずる感覚（特殊感覚と呼ばれる）であるのに対し，触覚は皮膚という身体で最も大きい器官に属する感覚受容器によって生ずる感覚（体性感覚と呼ばれる）です。

　皮膚には自由神経終末があり，ある種の化学物質や温度，かゆみ，痛みの受容器になります。温受容器は皮膚温約32℃以上，45℃以下で反応し，冷受容器は10℃以上，30℃以下で反応します。皮膚温約32℃付近では外界温を感じることがなくなり，この温度を不感温度といいます。温受容器と冷受容器が興奮しない10℃以下の低温，あるいは45℃以上の高温では痛覚受容器が反応し，痛覚が起こります。

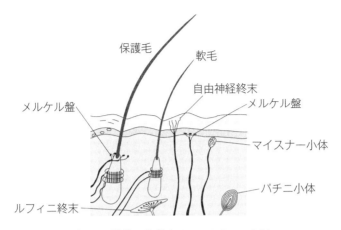

図 3-7　触覚の仕組み （文献［12］より改変）

　機械的刺激を受け取るのは図 3-7 に示された 4 種類の受容器，メルケル盤，マイスナー小体，パチニ小体，ルフィニ終末です（文献［12］）。メルケル盤は，皮膚の比較的浅い層に存在するため，物体表面が作るわずかなへこみに反応し，メルケル盤が密集している指先は，質感を識別する高い解像度を有することになります。たとえば，点字の識別などは，メルケル盤の反応に基づきます。マイスナー小体も皮膚の比較的浅い層に存在し，指先の密度が高いのですが，皮膚でのわずかな滑りを検出し，脊髄反射によって指の筋肉を収縮させ，握る力を調整することができます。一方，パチニ小体とルフィニ終末は皮膚の比較的深い層に存在します。パチニ小体は，微小な振動に極めて敏感に反応しますが，ルフィニ終末は振動ではなく，皮膚の引っ張りに反応します。

　4 種類の受容器が役割分担して，様々な機械的刺激がそれぞれ別の神経線維で脊髄に送られます。そこから，脊柱の中を上り，脳幹の薄束核から視床を経由して，大脳皮質の頭頂葉で，中心溝の後方の体性感覚野に運ばれます。

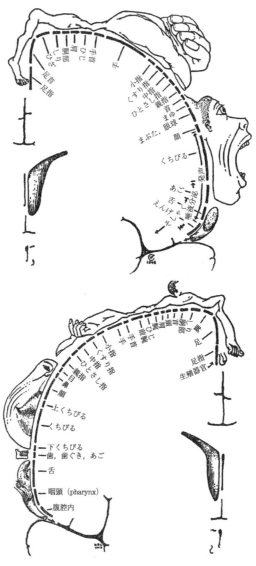

図 3-8　運動のホムンクルス（上），感覚のホムンクルス（下）（文献 [13]）

　体性感覚野では，脳の部位と各身体部位に対応関係がある体部位再現があります（図3-8下）。脳における地図として配置した，図3-8上が運動野における運動のホムンクルス，図3-8下が体性感覚野における感覚のホムンクルスと呼ばれます。この体部位再現地図は発見者の名前をとってペンフィールドのホムンクルスと呼ばれ，重要なのは体の表面積と脳の対応部分の面積が1対1に対応しておらず，顔や手指のように，よく使われる体部位ほど対応する脳の担当部位も大きくなっている点です。すなわち，対象物に接触し，識別に関わる体部位は，触覚受容器の密度も高く，再現される脳領域も広くなっていることになります。その一方，基本的に体の隣接する部分が，大脳皮質表面でも隣接するように規則的に配列している点も特徴です。さらに，どの体部位に運動が引き起こされたかを調べることで，中心溝の前方の運動野と呼ばれる領域に第一次体性感覚野とほぼ並行した体部位再現が存在することを明らかになっています（図3-8上）。

　これまで述べてきたように，皮膚には，自由神経終末，メルケル盤，マイスナー小体，パチニ小体，ルフィニ終末など，さまざまな神経の末端があり，それらが触覚センサーとなって，神経繊維で脊髄へと触覚情報を運ぶのですが，それぞれが別々の物理的な触覚刺激のうちの1つを運ぶ専用線になっていて，ペンフィールドのホムンクルス（図3-8）と呼ばれる体部位再現地図が示す体性感覚野の各部位に運ばれます。ただし，脳が単に受動的に触覚情報を受け取っているのではなく，脊髄に下行性の信号を送り，脳に送られる触覚信号のボリュームを，身体に対する注意の状態によって調整することができます。さらに，皮膚と脳の間には自律神経系が存在し，脳が皮膚の性質を変えることができるので，触覚情報を脳に伝えるだけでなく，感情的な状態によって，無意識下でも自律神経系を働かせ，皮膚表面の汗の分泌を促したり，体毛を逆立てたりすることになります。

　触覚は皮膚という身体で最も大きい器官に属する感覚受容器によって生ずる感覚ですが，複雑な経路を経て，人体上の位置だけではなく，

触覚刺激の質や強度などを正確に把握できるわけです。たとえば，痛みを例にとって，触覚知覚を通して，生体に起こっている状態をどのように正確に把握しているのかを説明してみましょう。部屋を裸足で歩き回っているときに，つま先をタンスの角に打ち付けて，激痛が走る体験をした人は多いはずです。足下を見ないで，床にひいた直線上を歩くとき，親指を直線に沿って歩く指示より，小指を直線に沿って歩く指示のほうが困難です。このことからも分かるように，つま先をぶつけやすいのは脳が足の小指の位置を正確に把握できていないことが原因であることを簡単に知ることができます。さて，つま先をぶつけたときの痛みが一度にくるわけではないことも多くの人が自覚できるのではないかと思います。図3-9に示すように，まず第1痛としてぶつけた瞬間に鋭い痛みを感じ，第2痛としてずきずきとした痛みが広がりながら襲ってきて継続する感じです。この第1痛と第2痛は，脳から遠い部位ほど時間差が大きくなると言われていますので，つま先が両波の時間差を一番感じられる部位ということになると思います。痛みの第1痛は，迅速で正確に伝わることで，危険な状態を回避する行動を導くことができます。一方，第2痛ではずきずきとした痛みが徐々に高まり，徐々に収まって行くことで，痛みを感じる場所に注意を向け続け，それ以上の怪我を避け，回復につなげる行動を促すことになります。

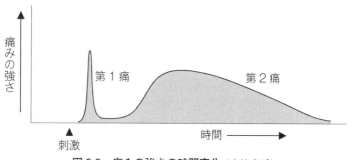

図 3-9　痛みの強さの時間変化（文献 [12]）

　さて，身体部位によって，受容器となる神経密度，すなわち触覚感度が異なります。たとえば，受容器となる神経密度の低い背中では，50平方センチ（半径4センチ円形）の皮膚で得られた触覚刺激から，1つのニューロンに触覚情報が伝わります。このような身体部位による触覚感度の違いは，触二点閾を測定することで調べることができます。目を閉じて，皮膚上の二点が同時に刺激されるとき，それがある程度接近している場合は，一点のように感じられますが，それが二点として認知できる二点間の距離の限界を触二点閾と呼びます。通常の心理実験では，スピアマン式触覚計（簡易にはコンパス）を軽く刺すように当て，幅を変えながら，二点に感じる限界値を測定します。このように測定された触二点閾が，触覚受容器となる神経密度を反映していることになります。たとえば，背中の触二点閾は4センチとなります。

　触二点閾より十分に離れた2点，たとえば図3-10に示すような腕上の2点に，それぞれ複数回ずつ触覚刺激を与えると，物理的には刺激が与えられていない中間地点に刺激が順番に知覚されます（文献［14］）。あたかもウサギがジャンプしていくように感じられるため，皮膚ウサギ錯覚（Cutaneous Rabbit Illusion）と呼ばれています。この現象の特に重要な点は，図3-10における第2刺激と第3刺激の知覚位置です。もし第4刺激以降の触覚刺激がなければ，第2刺激と第3刺激は第1刺激と同じ位置に触覚刺激を知覚していたはずです。すなわち，第4刺激以降の触覚刺激が，それらの刺激が呈示される前に与えられた第2刺激と第3刺激の知覚位置を変えてしまったことになります。これは，後付け再構成（Postdiction）と呼ばれる，脳内で生じる典型的なつじつま合わせです。与えられる情報と，脳の予測により，時間を遡って，知覚結果を変化させてしまう現象が起こっているのです。

　目，耳，鼻をふさげば，視覚，聴覚，嗅覚，味覚を感じない状態が簡単に作れますが，触覚がない状態を作ることが難しいので，触覚がないという状態が想像しにくく，触覚が他の感覚と比べて特殊だと感

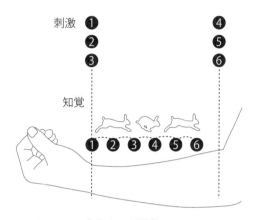

図 3-10　皮膚ウサギ錯覚（文献［12］）

じるかもしれませんが，他の感覚との干渉効果も知られています。た
とえば，手のひらをこすり合わせるときに，両手の手のひらから，こ
すり合わせたことによる触覚を感じるとともに，擦れ合う音も聞こえ
るでしょう。この手のひらがこすれ合う音をヘッドフォンで聞かせる
ときに，2,000Hz 以上の高音域を 15 デシベルほど強調させると，そ
のままの音を聞かせるときに比べ，あたかも手の表面が紙になったよ
うに，自分の皮膚が乾いているように感じられる錯覚が起こることか
ら，この現象は羊皮紙様皮膚錯覚（Parchment-Skin Illusion）と呼ば
れています（文献［15］）。羊皮紙とは羊などの皮を引き伸ばし，薄く
削って乾燥させたシート状のもので，紙の代替品ですが，皮膚がこの
紙のように感じられることから，このように命名されています。この
現象は，聴覚刺激が触覚刺激に影響を与え，皮膚の状態を変化させる
ことができることを示しています。

嗅覚の仕組み

　鼻の内部は，鼻腔と副鼻腔で構成され，鼻腔は鼻中隔によって左右

に分けられ，図 3-11 に示すように，それぞれに側壁から 3 つの骨が
張り出し，上鼻甲介，中鼻甲介，下鼻甲介と呼ばれ，これらの鼻甲介
と側壁の間の空気の通り道を順に上鼻道，中鼻道，下鼻道と呼びます。
副鼻腔は鼻腔の周囲にある，前頭洞，蝶形骨洞など，左右 4 対，合計
8 個の空洞の総称で，頭の重さを軽くしたり，顔面を保護したりする
などの役割があると言われていますが，自然口と呼ばれる細い孔で鼻
腔に通じており，鼻呼吸をすることで空気の交換が行なわれ，線毛を
もつ粘膜で入ってきたほこりや副鼻腔から出る分泌物を除去できます。
鼻腔も，血管が密集した嗅粘膜で覆われており，吸った空気を温めたり，
加湿したり，粘膜から分泌される粘液や表面に生えた線毛によってほ
こりや微生物などの異物を吸着したり，除去したりする機能を持って
います。体に入ってくる空気の湿度や温度を調節することで，いわば
加湿器やエアコンのような役割をして，肺に負担がかからないような
役割を果たしていることに，気づいている人は少ないのではないかと
思います。

　両側の鼻孔の入力を利用し，鼻孔にマスクを取付け，左右の鼻孔に

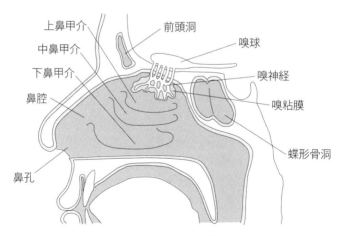

図 3-11　嗅覚の仕組み

送る気流を制御する実験を行ない，においの追跡能力を比較した結果，嗅覚でも空間の情報を捉えていることが分かっています。視覚では，左右の眼に異なる視覚刺激を与えると，両方の刺激を同時に知覚することはできず，また認識する物体が周期的に交代する両眼視野闘争（Binocular Rivalry）が生じるのですが，嗅覚においても左右の鼻孔に異なるにおい刺激を与えると，どちらかのにおいのみが知覚され，周期的に交代するので，左右の鼻孔で独立してにおいを捉えると考えられます。

　においのあるガスや煙が鼻腔に入り，嗅上皮に届き，ボウマン腺の分泌液に溶かされ，鼻腔上部にある嗅細胞で捕らえられたにおい物質の情報が脳に伝達されます（文献 [16]）。嗅覚は危険を察知するための重要な機能なので，嗅覚受容体は 396 種類あると言われ，その点で嗅覚は極めて繊細な感覚です。

　受容体を活性化する分子が結合すると，嗅細胞のイオンチャネルが開き，脱分極して発生した電気信号は嗅神経を経て，嗅球へと伝わり，前梨状皮質，扁桃体，視床下部，眼窩前頭皮質（大脳皮質嗅覚野）などに達する比較的単純な経路です。嗅覚以外の感覚においては，必ず視床を経由して大脳皮質に至ることから，嗅覚の処理は特殊であると言えます。また，嗅覚は，五感の中で唯一大脳新皮質を経由せず，直接記憶を司る海馬や情動を司る扁桃体に繋がる感覚であることから，においが記憶や情動に他の感覚より大きな影響を与えると言われています。においによって忘れていた過去の記憶がよみがえる現象は，プルースト効果と呼ばれています。フランスの小説家，マルセル・プルーストが長編小説「失われた時を求めて」で，主人公が紅茶に浸したマドレーヌを口にした途端，その香りから，懐かしい子どもの頃の記憶を思い出す場面を描いたことが，この現象の語源となりました。

　嗅覚には異なる 2 つの入力経路があり，かなり役割が異なります。図 3-12 に示すように，1 つは，周りの空気に含まれるにおいを鼻先で感じるオルソネーザル（Orthonasal, 前鼻腔性嗅覚）と呼ばれる鼻腔香

気の入力経路であり，もう1つは，飲食物を飲み込むときに，戻り香，口中香，あと香などと呼ばれる，口の奥から鼻に流れ込む揮発性の芳香分子を嗅ぎ取る，レトロネーザル（Retronasal. 後鼻腔性嗅覚）と呼ばれる口腔香気の入力経路です。

　嗅覚は味覚と密接な関係があるのですが，オルソネーザルとレトロネーザルという2つの嗅覚経路は，味覚との関係性が異なっています。食べ物のたち香を嗅ぐことで，オルソネーザル経路を通じて，脳はその食べ物がどんな味がするか，好みに合っているかなどの予想を立てることができ，それが味覚にも影響を与えます。一方，レトロネーザル経路を通じて得られる，食べ物を飲み込むときに感じるあと香が，味や好き嫌いといった実際の食体験に影響します。たとえば，においを感じること無しにそれぞれ，玉ねぎとりんご，赤ワインと冷めたコーヒーを見分けるのは驚くほど難しいことが，鼻をつまみ，レトロネーザル経路を遮断すれば簡単に確認できるのですが，ほとんどの場合，自分の舌で感じていると考える味覚のうち，実際にはどの程度レトロネーザル経路を伝わってもたらされているのか，全く気づけないのです。なぜなら，食べ物の香りの大部分は，鼻ではなく口で，つまり舌そのもので知覚されているかのように感じられるからです。このように，香りを口で感じているように錯覚することをオーラル・リファラル（Oral Referral）と呼んでいます。

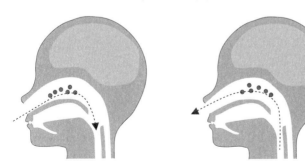

図3-12　オルソネーザル経路（左）とレトロネーザル経路（右）

さて，バニラはアイスクリームの最も代表的で，くせのないフレーバーとして使われていますので，英語における vanilla が形容詞として使われる場合は，「普通の」とか，「凡庸な」とかの意味となるのは，残念な表現ですが，ある意味仕方ないのかもしれません。このように，形容詞 vanilla には，ordinary（平凡な）に近い意味があることから，コンピュータソフトウェアなどで，カスタマイズなどが一切行なわれていない，もしくはアップグレードしていないなど，提供されたままの状態を指すときにも使われています。このような存在であるバニラに関して，バニラは甘い香りがするかと尋ねたら，ほとんどの人が「はい」と答えるでしょう。ここでよく考えてもらいたいのですが，においに対して甘いなどという味覚に関する表現がなぜできるのでしょうか。実は，人間の味覚は低温下では活動が低下し，甘さを感じにくくなるのですが，においは感じ続けられるので，食品会社はアイスクリームの甘さを引き立てるために，くせのないバニラの風味として添加しているというのが，からくりなのです（文献 [17]）。風味一般については，次節の「味覚の仕組み」でも取り上げたいと思います。

　バニラの花は，長さ 30 センチほどの細長い果実，すなわち種子鞘となり，この種子鞘がバニラ・ビーンズです。バニラ・ビーンズに含まれ，バニラ特有の風味や香味の元となる化合物は主にバニリンです。バニラ・ビーンズは非常に高価なため，その香り主成分の合成は長い間研究され，現在は人工的に合成された人工香料が多く使われています。その 1 つの試みとして，国立国際医療センター研究所の山本麻由氏が，牛糞からバニリンを抽出することに成功し，2007 年にイグノーベル化学賞を受賞し，授賞式でバニラアイスクリームを振る舞ったことも話題となりました。

味覚の仕組み

　味覚は，われわれ人間が生まれたときから死ぬまで，生命活動を維

持するため必要な栄養素を確実に探す手がかりという重要な役目があるとともに，腐敗した食物など，忌避されるべき物質を排除する機能があります。このように，味覚を介して嗜好物質や忌避物質を識別し，生命活動の維持に役立てています。

　味覚の基本になる要素には，甘味，塩味，うま味，酸味，苦味という5つの基本味があり，いずれも生命活動の維持に必要な栄養素です。甘味は，脳の唯一の栄養素として最も重要な生命活動の維持要因となる血糖になる重要な味で，血糖低下やエネルギー欠乏は甘味に対する欲求を引き起こします。塩味は，食物に適当な量のミネラルが含まれることを示す信号です。うま味は，主にアミノ酸，核酸などの味であり，タンパク質や細胞成分が豊富に存在することを示す信号です。酸味は，本来忌避されるべき物質の信号で，未熟な果実や腐敗した食物などを暗示しますが，運動後の酸味欲求はクエン酸を欲求するものと考えられます。クエン酸には，キレート作用と呼ばれる効果があり，体内に取り込まれたミネラル類をクエン酸が包み込み，酸化から守り，ミネラル類やビタミン類を吸収しやすくすることで，身体の疲労物質を分解してくれます。苦味は，毒性のある異物を表し，体に大きな影響を与える要注意物質は一般に苦く，異物に対する警戒のための信号として重要です。うま味や甘味の受容体は1種類ずつしかなく，苦味だけは数十種類あるのは，様々な異物を識別するために必要であったと考えられます。ただし，たとえばゴーヤは新鮮であるほど栄養価は高くなり，苦味も増しますが，暑い夏の食欲増進させる役割を果たしてくれます。また，ほろ苦さこそ究極の美味しさと古くから言われており，春の訪れを感じさせてくれる稚鮎のほろ苦さなど，安全と知った上で初めて楽しめる味でもあります。

　美味しさには，2種類あると言われています（文献 [18]）。1つは，生きるための栄養をとることを，幼い頃から学習することで得られる美味しさです。様々な食材を調理して，バランスよく栄養をとることで得られる美味しさであり，適度なところで摂食行動を止めることが

できる美味しさと表現されることもあります。食が進むにつれて，血糖値が上昇し，インスリンやレプチンの分泌が生じ，視床下部の満腹中枢の活動を高め，満腹感というブレーキがかかることで摂食行動を停止することができます。もう1つは，快楽のための美味しさであり，たとえば高甘味，高脂肪，高カロリーの飲食物で，それらが欠乏すればするほど，飲食，すなわち体内への補充によって美味しいと感じる，誰でも好む本能的な美味しさです。スナック菓子やケーキはその代表であり，栄養のためというより，飲食によって得られる快楽が摂食行動を強化してしまいます。この摂食行動の強化が過食や肥満を引き起こすことが問題になるわけです。

　人間にとっては，肥満は生活習慣病の1つと考えられていますが，野生動物にとって，肥満によって体重が増えることは，敏捷な運動能力の低下につながるので，生存に関わる重大事であり，採餌と捕食者の回避のトレードオフが生じます。トレードオフとは，両者が同時に成り立たないという意味です。食物を漁っている間は捕食者を回避するように警戒し続けることは困難なので，肥満は捕食者から素早く逃げる能力を低下させるので，避けなければなりません。人間にとって，過食や肥満がすぐに命と引き換えという状況にならないのが問題なのでしょう。

　実は満腹感を感じていても，胃にはゆとりがあることがほとんどです。本当に胃が満杯になれば，満腹感という満足ではなく，食べ過ぎによる苦痛で，吐き気を催すことになります。満腹感を感じていても，胃にはゆとりがある状態において，いわゆる別腹が生じます。食事後に満腹感を感じていても，ケーキやアイスクリームなどのデザートが別腹に入るということになります。これは，感覚特異性満腹と呼ばれていて，通常の食事でうま味，塩味，酸味に関して感覚特異的に満腹でも，甘味においては満腹を感じていないので，甘味を含むデザートに対して，満腹感よりも，摂食意欲が優っている状態が別腹の正体だと考えられます。

　味覚受容器である味蕾より，舌前部の鼓索神経や，舌後部の舌咽神経，および口蓋部の大錐体神経により，橋結合腕傍核や延髄孤束核の下位脳幹を介して，大脳皮質の第一次味覚野や島，視床下部および扁桃体へ味覚情報が送られます。下位脳幹に基本的な味覚識別機構が存在すると考えられており，第1次味覚野でそれらの信号が統合されて，味質が理解できるようになります。扁桃体は，味覚情報だけでなく，視覚，聴覚，体性感覚，口腔内感覚，嗅覚などのすべての感覚情報を視床や大脳皮質を介して受け取っているので，味覚刺激の情動的評価，すなわち美味しいかまずいかという価値判断が行なわれていると考えられています。

　舌の味覚地図という言葉を聞いたことがある人も多いのではないかと思います。味覚地図にしたがって，甘味は舌の先で，苦味は舌の根元だけで，酸味は両側で感じるなどと言われてきました。それは，感覚を扱う教科書には必ずといって良いほど，味覚地図に関する説明があったからだと考えられます。しかし，これは根本的な間違いで，エドウィン・ボーリングが1942年に執筆し，広く読まれてきた心理学の教科書に，あるドイツ人の博士論文の内容が間違って翻訳されて掲載されたことが訂正されず，広まってしまったからなのです（文献[17]）。

　味覚地図のように，個別の領域が舌に存在しているわけではありませんが，味覚の受容体が舌にまんべんなく分布しているのでもありません。図3-13のように，味蕾のどれもが，5つの基本味全てを感じることができるのですが，舌の中央には味蕾がなく，舌の前部，後方の両側，そして後部にしか味蕾は存在していません。

　味覚によって，栄養があるものや，毒性のあるものを識別できるので，味覚は生存に欠かせないと評価できる一方，知覚という観点からは，われわれ人間にとって，味覚はそれほど重要ではないという評価も存在します。その根拠の1つは，各感覚に割り当てられた大脳皮質の領域の大きさを比較すると，視覚処理には大脳皮質の多くが関連し

ている一方で，味覚に直接関係する大脳皮質は1%ほどでしかないことにあります。それが，残念ながら，味覚が思い込みに惑わされやすい原因になっているように思います。一例として，炭酸の感覚をあげることができます。ほとんどの人は口の中に広がって破裂する気泡の感覚を楽しんでいると答えるでしょう。しかし，気泡が皮膚に触れることで生じる感覚ではなく，その感覚の大部分は，実際には舌にある酸味の受容体，すなわち味によってもたらされていることがわかっています。脳に送られる味覚情報と，われわれが知覚的に感じる味には大きな乖離があることが少なくないのです。飲食物を味わうときには，味覚の仕組みだけでなく，嗅覚の仕組みも重要な役割を果たしており，その補完関係で成り立つ複合感覚に基づいて，飲食物の味として感じているのです。

　飲食物を摂取するとき，通常はこれらに固有の嗅覚と味覚が生じるために，前節の嗅覚の仕組みで説明したように，レトロネーザル経路を通じて得られた一体化した複合感覚が，風味もしくフレーバー（flavor）と呼ばれ，それぞれの飲食物の味となり，その味が記憶されています（文献［18］）。味覚情報は，舌から延髄，大脳各部位といく

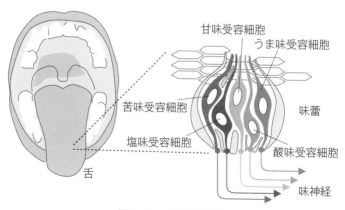

甘味受容細胞

うま味受容細胞

苦味受容細胞

塩味受容細胞

味蕾

酸味受容細胞

味神経

舌

図 3-13　味覚の仕組み

つもの神経を乗り換えて眼窩前頭皮質で，嗅覚情報に基づくにおいの
信号と合流します。嗅覚の識別能力が高いので，食物を特徴付けて同
定できるのは，嗅覚によるところが大きく，味覚は味の成分を細かく
識別することが難しい反面，美味しい，まずいという情動性の評価に
は優れていて，即座に判断できます。風味として味わっているという
ことは，どちらかの感覚が感じられないと，美味しさが弱まることを
意味します（文献 [17]）。たとえば，鼻をつまんで，においが感じ
られないようにすると，フルーツドリンクはただの甘い水になってしま
います。逆に，甘味抑制物質のギグネマ酸を口に含んでフルーツドリ
ンクを口にするとオレンジ，ピーチ，パイナップルなどの香りのする
水になってしまいます。われわれは，においと味の融合体として飲食
物を味わっているのです。

Column　対側支配と分離脳

　一般に，右半身の感覚情報は左脳（正確には左半球），左半身の
感覚情報は右脳（同じく右半球）で処理されるので，対側支配（ま
たは，交叉支配）と呼ばれます。たとえば，大脳で脳梗塞が起きる
と，典型的な症状は反対側の半身に現れます。すなわち，左半球に
障害が起こると右半身に麻痺が起こります。なお，大脳は対側支配
ですが，小脳は同側支配であり，脳全体が対側支配というわけでは
ありません。

　聴覚の場合には，右蝸牛神経は，対側の左上オリーブ核を経て，
左側頭皮質にある左聴覚野に達し，左蝸牛神経は，対側の右上オリー
ブ核を経て，右側頭皮質にある右聴覚野に達します。すなわち，聴
覚野には対側体部位が投射していることになります。触覚の場合に
も，皮膚などの感覚受容器で受容され，後根神経節を通り，脊髄で
対側へ交叉し，上行して脳幹を通り，視床から大脳皮質の体性感覚
野へ達します。すなわち，体性感覚野には対側体部位が投射してい

ることになります。

　視覚の場合には，右眼から左脳，左眼から右脳へと情報が送られるわけではなく，網膜像の右側半分，すなわち外界視野の左側半分は右脳に伝達され，網膜像の左側半分は左脳に伝達されます。すなわち，神経繊維が交差する視交差によって，右視野は左脳，左視野は右脳へ送られることになります。左右の脳半球の間で密接な情報交換をしているため，右視野と左視野をつなぐ境目は気になりません。

　無脊椎動物は，体の右側を右脳が，体の左側を左脳が支配していますが，5億年にわたる脊椎動物の進化を通して対側支配に関する例外はなく，すべての脊椎動物に存在するということは注目すべき点です。反転を引き起こした選択圧が正確に何であったかは知られておらず，なぜこのような構造が進化的に安定であったのかはいまだに議論されています。

　いずれにしても，大脳半球が左右に分かれていても，左右の大脳半球をつなぐ神経線維の太い束である脳梁を通じて，情報がやり取りされます。この脳梁を一部でも欠く症例を分離脳と呼びます。先天的に脳梁を欠く脳梁欠損症の人もいれば，重いてんかん治療のため脳梁を切断した人もいます。脳梁を欠く分離脳の場合，対側支配により，左脳は右視野と右手，右脳は左視野と左手と担当がはっきり分かれているため，右視野にあるものを左手で掴めないことになります。このような場合でも，左視野にあるものは左手で掴めることになります。

　意識体験は，部分の集まりとしてではなく，統一されたひとつの全体として体験されるので，本来は視野の右半分を左半分と別に独立して経験することはできません。これは，意識体験の統一性と呼ばれますが，分離脳では統一されず，部分のままで扱われることになり，分離脳患者の意識経験について統一的で単一の意識の流れが形成されるかどうかについて見解が分かれています。

4章 感じることの正体——表象への回帰

　第3章で取り上げた、五感それぞれの感じる仕組みは、外界の情報を脳が理解できるような信号に変換するために存在し、言わば復元した世界を脳内に生成する処理を行ないます。このような処理が、いわゆる認知のプロセスであり、認知科学では脳内の計算と呼ばれたりします。一方、外界の情報が信号変換され、脳内に生成された世界を表象（Representation）と呼びます。すなわち、表象というのは、外界に存在する、ある事柄もしくはそのすべてを別の形式で表したものという意味になります。

　脳内の処理（もしくは計算）と表象を扱う学問が認知科学です（文献[19]）。ただし、認知科学や心理学において、表象という概念が重要とする立場がある一方、表象という概念を仮定することに批判的な立場があります。ただ、そのような批判的な立場における表象の定義が、外界の情報を正しく反映し、規則正しく配置し、永続的に存在するものと仮定しがちであるように感じます。

　しかしながら、五感での処理に基づいて、脳内に復元した世界としての表象の多くは、外界と一致しませんし、あいまいなものですし、ほんの一瞬しか存在しません。このことは、第1章で取り上げた「感じない」現象や、第2章で取り上げた「感じすぎる」現象を説明することで明らかにしてきました。すなわち、「感じない」というのは、まったく処理していないのではなく、表象が生成されていない、もしくは表象が使えない状態であり、そのような状態が少なからず起こりうることを第1章で明らかにしました。「感じすぎる」というのは、脳内に復元した世界に外界に存在しない情報が付加される状態であり、そ

のような状態が少なからず起こりうることを第2章で明らかにしました。すなわち、五感それぞれの感じる仕組みで処理されることで得られた、外界とは異なる様々な表象は、必ずしも外界と一致せず、あいまいで、ほんの一瞬しか存在しなくても、それが「感じる」ことの正体であり、それを我々の日常的な行動や判断に利用していることになるのです。そこで、このような「感じる」ことの正体を検討するために、改めて表象をいう概念に回帰させて、認知のプロセスで得られた計算結果を再検討する必要があるだろうと思います。

　本章では、このような「感じる」ことの正体を、仮想表象、身体表象、表象原理という3つの観点から考えてみることにしたいと思います。

　表象とは、感覚器官を通じて外界の情報が脳内に取り込まれて、外界を復元する脳情報処理過程において、復元された外界のイメージということになります。このような表象が、行動という出力につながる結節点となる機能を果たすと考えられてきました。外界の復元というのは、日常生活においては完全な復元である必要はなく、不完全でも良いから（すなわち、感じない情報があっても構わないので）、行動のために必要な時空間解像度での復元が瞬時に求められています。瞬時に生成されなければ、日常生活において円滑な行動ができなくなります。この瞬時に生成された不完全に復元された表象が、完全なる現実世界としての外界とは異なることを強調するために、ここでは仮想表象を呼ぶことにします。ときに、不完全な表象を補うために、これまでの経験や記憶から、外界に存在しないはずの情報まで感じすぎてしまう現象が起こるのも、仮想表象だからなのです。

　身体表象とは、身体について保持されている表象であり、特に自己の身体について保持されている表象を指すことが多いと思います。ただし、このような説明では、表象の一部として身体表象があるように感じられるかもしれませんが、外界を把握するための上下左右、前後などの空間を規定する座標軸、さらに大小、長短、軽重などの感覚判断の多くは、身体表象が基準になることは明らかだろうと思います。

VR技術が作り出す仮想世界ならば，容易にこの身体表象を変えてしまうことができ，身体が変化したと錯覚したときに，結果的に行動が変容してしまう効果を，プロテウス効果と呼びます。すなわち，身体表象が変わってしまえば，判断基準が変わってしまうことが起こりえるので，同じ外界情報でも感じ方が容易に変わってしまうことになり，その後の行動にも影響が生じるわけです。復元された外界を表象と呼ぶならば，そこには基準となる身体表象が含まれていることに気づかなければならないのです。

　表象とは，脳内に存在しているはずの心的表象を指しています。そもそも，外界とまったく同じ構造を復元することを目指すのではなく，外界を理解するために感覚器官を通じて得られた情報を理解し，行動につなげるための結節点になることが表象の役割です。ところが，脳情報処理は，分散した並列処理が特徴なので，必ずしも脳の特定部位に，表象が局在しているわけではありません。しかも，五感を担う感覚器官を通じて得られた外界の情報は，同じ情報源から得られていたとしても，各感覚器官の特性や限界により，ときに食い違ってしまうこともあり得ます。そのような状況においても，日常生活において瞬時に円滑な行動ができるように，お互いの情報を尊重しながら，調整して，総合的な判断につなげることが表象原理であり，言わばつじつま合わせの表象として生成されているわけです。決してつじつま合わせの表象に問題あるのではなく，食い違った感覚器官からの入力情報に基づき，感覚の複合体としての表象を瞬時に安定して導き出すことの重要性を理解することが必要なのだと思います。

　脳科学が著しい発展を遂げてきたにもかかわらず，認知科学や認知心理学においては，表象に関する研究が，感覚，知覚研究に限らず，最も重要なテーマであり続けているのですが，同時にその正体を実験的に検証することの困難さも指摘され続けています。1つは，上記のような説明を含め，表象という概念の多義性にあり，心理学や哲学の伝統の中で，一層分かりにくくなっているのも事実でしょう。このよ

うな状況において，行動という出力につながる結節点として，五感を担う感覚器官を通じて得られた情報を元にした，本書で取り上げた現象を改めて検討することで，感覚，知覚処理過程における表象の問題へ回帰させて，議論してみたいと思います。

上述の説明からも明らかなように，ここで取り上げる結節点としての仮想表象，身体表象を反映したプロテウス効果，表象原理としてのつじつま合わせの表象はいずれも独立したものではなく，どのようなのぞき窓で対象を切り取るのかという問題に過ぎません。そもそも，外的対象に対する感覚の複合体としての意識全体が表象だとすると，このような観点の違いによる区別は意味を持たないことは明白です。感じることの正体は単純ではなく，現代の科学でもうまく説明されていないことがいかに多いのかを知ってもらうために，多面的な説明を加えておくことにします。

仮想表象

外界の瞬時での理解を実現しているのは，私たちが仮想表象（Virtual Representation）を使っているからです（文献 [20]）。仮想表象を元に，外界の概略情報と，長期記憶と照合可能な表象が瞬時に生成されます。すなわち，仮想表象に対して集中的注意を向けることで，特定の対象の詳細な高次認知処理が行なわれますが，それ以外の部分には処理負担も記憶負担もほとんどかからず，すぐに仮想表象は消失してしまいます。この仮想表象が，すべての外的世界の脳内表象が存在すると錯覚させる正体であり，私たちが不安ない日常生活での行動を可能にしています。

まず，私たちの感覚器官では，瞬時にはわずかな情報しか処理できないことが前提です。このとき，視覚情報処理を例に挙げるとすると，概略情報として，ジストやレイアウトが独立して抽出されます。瞬間的に知覚される情景の大まかな印象情報をジスト（gist）と呼び，1

枚の刺激画像全体がどのような情景なのか（たとえば，宇宙，スポーツ場面など）を判断することができます。場合によっては，第2章で取り上げた境界拡張が生じるのは，ジストの影響に基づくと考えられます。レイアウト（layout）とは，情景内の物体の配置情報です。ある物体の存在は，別物体の存在に依存している構成されていることが多く，レイアウトを知ることで，情景の概略情報を得ることができます。情景の概略情報として，ジストやレイアウト以外の統計的要約情報（summary statistics）も含まれると考えられています。アンサンブル知覚（ensemble perception）とは，このような統計的要約情報をもとに，情景全体もしくは情景の中のオブジェクト集団の全体的傾向（アンサンブル）を短時間で把握する処理を指しています（文献[21]）。たとえば，様々な大きさの円形が多数呈示されたとき，その平均半径を推定できたり，様々な表情の顔画像が多数呈示されたとき，その平均的表情を推定できたりすることが分かっています。

　もう少し図4-1に沿って，仮想表象について説明してみましょう。図4-1の下部には，円形がそれぞれ外界に存在する事物，それらすべ

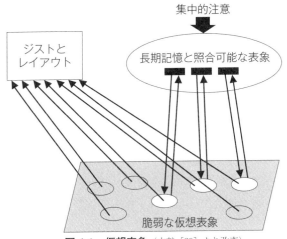

図 4-1　仮想表象（文献［20］より改変）

てを含む，灰色で塗られた矩形が感覚器官を通じて得られた外界の情報を表しているのですが，それらすべてが仮想表象を表しています。図4-1の左側の経路によって，脆弱な仮想表象からジストやレイアウトといった概略情報を得ることで，過去の経験の積み重ねによって形成された外界に関する知識などと照合することができます。仮想表象は，ジストやレイアウトなどの概略情報を抽出したら，すぐに消失してしまう，脆弱な表象です。このような脆弱で，すぐに消失する表象である仮想表象から，図4-1の右側の経路に示すように，次の行動に必要な一部の情報だけが集中的注意によって選ばれ，長期記憶と照合され，さらに高次の情報処理を続けることが可能になるわけです。

　図4-1は，脆弱な仮想表象から，集中的注意によって得られる詳細な表象と，視野全体から得られるジストやレイアウトという大まかな表象の2種類が生成されるという2経路モデルとして示していますが，必ずしも2経路の表象生成として明確に分離するのではなく，中心視から周辺視までの処理解像度の連続的変化により，詳細な表象と大まかな表象の両者が一括して生成されるというモデルも提案されています（文献［22］）。

　集中的注意を向けた対象もしくは物体以外は，仮想表象にとどまり，詳細な高次認知処理が行なわれていないことになります。しかしながら，仮想表象により，目の前の情報のほとんどが脳内表象として存在していると錯覚してしまうので，このような状況を顕在させるような実験環境を作れば，にわかには信じがたい現象を体験できることになります。その代表が，第1章で取り上げた変化の見落としや非注意による見落としということになります。すなわち，集中的注意を中心とする私たちの視覚情報処理メカニズムでの制約では当然生じるはずの現象なのに，通常はそのような制約に気づくことがないので，情景を理解していると錯覚する根拠となっている仮想表象の脆弱さに驚くのです。

　変化の見落としは，情景すべての脳内表象が存在すると錯覚させて

いる仮想表象の脆弱性を白日のもとに晒すので，劇的な現象であると感じていることの証明になっていると考えられますが，私たちには外界の情報を限られた容量で逐次的にしか脳に伝えることができない視覚情報処理の限界，注意容量の限界があるので，変化の見落としは起こりうるものです。私たちは目に映った，すべての外的世界が同時に認識されていると誤解しがちですが，実際にはそうではなく，仮想表象による大まかな情報をもとに，あたかも詳細を見ているような錯覚しているのに過ぎないのです。

　そもそも実態を把握することが困難な表象という概念に，新たに仮想表象という脆弱な存在を仮定するのは，仮想表象という概念が，意識のパズル（Awareness Puzzle）を解く鍵でもあるからです。意識のパズルとは，たとえば見落としに関する様々な現象から我々が外界の一部しか得ていないことが明らかなのに，外界の豊かな情報を得ていると主観的に感じてしまう，すなわち錯覚してしまう現象を指します。脆弱な仮想表象から得られる概略情報である統計的要約情報が，外界の豊かな情報を得ていると錯覚させることができることと，集中的注意により脆弱な仮想表象から日常生活において必要十分な詳細情報が得られることから，一見不正確で不十分と思われる知覚の仕組みしか持たなくても，我々が不安に感じるような経験が日常的にはほとんど起こらないことが，意識のパズルの正体だと考えると，五感の仕組みに基づく処理と，我々が主観的感じていることに基づく意識的経験の両者をつなぐことができたことになり，注意や見落としを中心とする様々な心理現象を広範に説明することが可能になるわけです。

プロテウス効果

　身体が，自分が制御できる所有物だということを確信すれば，そこから外界を認識できます。身体化認知とは，人間の認知が身体に埋め込まれて働いているという考え方です。身体化認知に基づくとすると，

あらゆる感じ方には身体感覚が影響するかもしれません。たとえば，冷たいコーヒーが入ったカップを持っているときに比べて，温かいコーヒーが入ったカップを持っているときに，他者に接したときの方が，他者をより温かい人物であると評価します。また，手に温かいものを持ったときや室内が温かいときの方が，冷たいものを持ったときや室内が寒いときに比べて，知人との間柄を近しいと感じます。これは，身体に触れる温かさが，他者の性格的な温かさや関係の緊密さと密接に関係し，感じすぎていることを示しています。また，過去に他者から疎外された体験を思い出すと，他者に受け入れられた体験を思い出すよりも，部屋の温度を寒く感じることも報告されています。これらは，ある種の感覚間協応（Cross-Modal Correspondence）と呼ばれる現象です。したがって，温かい人物だという印象を相手に与えたければ，その手に温かい物を持たせればよいということになってしまうのです。すなわち，感じ方は身体表象と環境との相互作用によって形成されていると言えるでしょう。

　したがって，身体表象を変化させることで，感じ方が変わり，行動も変化することがあります。現実の身体には何も変化が起こっていないにもかかわらず，アクション映画を見終わった後，自分が強くなった気になったり，オシャレな服を着ると自分に自信がついたりするのは，誰でも経験することでしょう。実は，仮想空間内ではそのような傾向が顕著になることが知られています。

　仮想空間において，自分の分身となる仮想身体のことをアバターと呼びます（本章コラム参照）。魅力的なアバターを使用した場合，より自信のある行動をとり，積極的に会話できるようになります（文献[23]）。このように，身体が変化したという錯覚が，行動を変容させる効果を，姿を変える能力を持つギリシア神話の海神プロテウスに因んで，プロテウス効果と呼びます。

　身長の高いアバターの方が，動きが速かったり，高くジャンプできたりというような設定は一切なく，アバターの容姿による機能的な差

は実質的にないにもかかわらず，身長が高く，優れた容姿のアバター
を使ったプレイヤーの方が，身長が低く，容姿の劣るアバターを使っ
たよりも，ゲームで強くなる結果が報告されています。

　仮想現実の世界で，優れた容姿のアバターを使った被験者は，追跡
調査により，その後の現実の世界でも異性と自信を持って接するよう
になり，容姿の優れた相手とも積極的に接するようになります。また，
仮想世界で大金を持っているという設定になっていれば，現実世界の
美醜に関係なく積極的な態度をとるようになり，人と直接対面すると
きの態度でも，アバターの容姿やプロフィールの影響が及ぶことが明
らかになりました。仮想空間でスーパーヒーローになった後には，人
を助けやすくなり，黒人アバターを体験すると，黒人への差別意識が
減り，アインシュタインのアバターを使うと認知課題の成績が向上す
るというのです。元来持っている自己認識が揺らがなければ，仮想世
界で何になろうと，現実世界の態度が揺らぐことはないはずですが，
実際にはそうではないようです。すなわち，アバターの外見により，
仮想空間で自信のある行動をすることが，現実世界の性格や行動にも
影響を及ぼすことを意味します。

　VR（Virtual Reality）ゲーム内でヒーローに扮したといって，現実
で特別な力が使えるわけではありません。しかし，考え方や行動の傾
向を現実世界に持ち帰ることはできます。この考え方を応用すると，
VRを使えば心身ともに健康の維持に繋がる助けになるかもしれませ
ん。摂食障害の女性が標準的な体重になった自分のアバターを体験す
ることは，現状より太って健康的になった自分を頭の中で想像するよ
りも強い体験をすることができます。理想に近い自分を体験し，現実
でより健康になるためのモチベーションになれば，肥満や摂食障害と
いった問題の解決に貢献することになるかもしれません。

　一方，人を殺すという経験をあたかも現実であるかのようにシミュ
レーションする前に，「仮想現実での殺人は違法にしなければならな
い」という主張もあります。仮想現実内の暴力が私たちをどのように

変えてしまうのかが明らかになるまでは，仮想殺人は違法にしておく必要があるという主張です。従来のゲームの影響に関する取り組みでは，シューティングゲームは鎮静剤になりうるという調査もあれば，暴力行為の原因となる危険因子になりうる可能性を示唆している研究もあります。仮想空間における自分のアバターが自然に作り出す期待に従い，そのような行動が，現実世界に流出する危険性はあるでしょう。没入型の仮想環境において，殺人犯を具現化することによって，暴力を掻き立て，残虐性を養うリスクを犯している可能性があるので，私たちは慎重にならなければなりません。私たちは，感じすぎる傾向を持っている心理的な影響を研究し，倫理的行動規範を確立し，必要に応じて法的な対応を準備しておく必要があるのです。

つじつま合わせの表象

　個別の感覚器官が存在し，それぞれ独自の脳内部位まで階層的に処理されています。たとえば目から入ってきた視覚情報は，網膜に投影され，視神経から脳内の後頭葉にある視覚野と呼ばれる部位まで階層的に処理されて，外界の理解に至ります。このように各感覚情報の処理はそれぞれの部位で独立したメカニズムで行なうようになっているため，その結果はお互いに食い違う可能性が出てきます。視覚から得られる結論が，他の感覚から得られる結論と食い違っている場合もあり，そうだとすれば，脳内では混乱するはずなのに，脳は複数の感覚器官から得られた情報をうまく統合する表象原理に基づき，うまくつじつまを合わせているのです。たとえば映画の吹き替えにおいて，スクリーンには，男女，さまざまなキャラクターが映っていながら，それぞれの声が聞こえてくるのはあらかじめ設置されたスピーカーであり，音源の空間的な位置に対する視覚と聴覚の結論が必ずしも一致しません。自然環境では，各感覚器官の情報に戻って確認する必要性はほとんど生じないのに，テレビや仮想空間の体験装置のような人工的

な環境では，そういうことが起こりうるはずです。

　しかし，実験研究をしてみると，感覚間にわざわざ極端な食い違いを人工的に作ったとしても，私たちが自分自身で想像する以上に，つじつま合わせをしてしまうことが明らかになっています（文献［24］）。このような極端な実験状況でも，自分自身ではつじつま合わせをしていることに気づかない場合も多く，五感として得られた知覚情報を処理する脳内過程の本質すなわち，表象原理が，このようなつじつまを合わせたがる特徴にあることは明らかです。

　通常は単なる雑音にしか聞こえないような音でも，心地よく感じることがあります。たとえば，ジェット機のエンジン音やチューニングのあわないラジオの音などは，決して心地良いとは感じず，多くの場合にいらいらする気分にさせるような雑音です。ところが，ゴォーとかザァーという音を聞くだけでは雑音としか思えなかった音が，その音源に近づいて，それが高い山から落ちる滝の音だというのがわかり，さらに下方に流れ落ちる水流を見ていると，単なる雑音であったはずが，癒し効果を生むような音に変化して聞こえてくるようになります。

　私たちは複数の感覚特徴を同時に得たときに，それらを統合することで，1つの解に到達させています。たいていの場合，複数の感覚特徴が得られても，それらが1つの情報源に基づいて抽出されているならば，矛盾は生じないはずです。しかし，外界を総合的に理解するためには，さらに複数の感覚器官から得られた，ときに食い違う情報をうまく統合し，つじつまを合わせる過程が必要です。お互いに食い違う情報に接しても，私たちの脳は混乱することもなく，ほとんどそれを意識することなく，うまくつじつまの合った解を導き出し，次の行動につなげています。

　具体的な例を挙げてみます。少し離れたところにいる話し相手の音声が聞き取りづらいような雑音が大きい環境でも，相手の唇の動きが音声の理解を補ってくれる場合があります。たとえば，騒音のある中で，向かい合っている相手と今日の予定を話し合っているときに，相

手が「安全だね。(/anzendane/)」と言ったように聞こえたとしても，その発音をする最初に唇が閉じられていれば，おそらく「万全だね。(/banzendane/)」と言っている可能性の方が高いのです。なぜならば，「あ」などの母音は唇を閉じることはないけれども，「ば」などの破裂音は唇を閉じなければ，正しく発音できないから，聴覚情報として子音の有声破裂音の /b/ が聞き取れなかったとしても，視覚情報を取り入れて，つじつまを合わせたほうが妥当な結論を導ける可能性があります。

　視覚という感覚内でも，特徴間のつじつま合わせが頻繁に行なわれています。図4-2 には，それぞれチェッカーボード上に2つの球があります。ここで，チェッカーボードは奥行きを明確にするために使われてます。さて，図4-2 右では，1の位置の球と2のの位置の球は奥行きではなくチェッカーボードからの高さが違うように知覚されます。ところが，チェッカーボード上の球の位置は両者とも変わらないことを確認してください。このように，球とチェッカーボードだけでは，3次元的な位置はあいまいなのです。すなわち，図4-2 左は高さが固定で，奥行き方向の移動，図4-2 右は奥行きが固定で，上下方向の移動と知覚されます。なぜこのような知覚の違いが生ずるかというと，単に球の影の位置が異なるためです。図4-2 左は奥行き方向の移動によって生じる影の違い，図4-2 右は上方向の移動による生じる影の違いになっています。さらに言えば，このような影に基づいて3次元空間での運動として頑健に解釈されるのは，光源が固定であると私

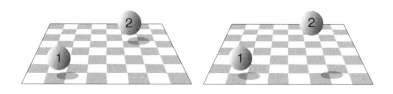

図4-2　陰影による空間位置の変化（文献［4］より改変）

たちが常に仮定しているために，3次元位置と影について，つじつま
を合わせていることを示しています。

　論理的につじつまの合わない環境が存在しているときに，脳が瞬時
につじつまを合わせた解を導き出してくれるので，その解に対応する
行動が可能になります。脳は，基本的に調和のとれた，つじつまの
合った世界で構成されていることを前提に，効率的な処理を実現させ
ています。しかも，現実世界には雑音が多く，あまり厳密な解を求め
るとすると，いつまでたっても解が得られないことになりかねません。
解が得られなければ，次の行動もできません。それを回避するために，
脳は表象原理に沿って，つじつまを合わせたがる仕組みになっている
のです。

　IT技術の進化と同様のスピードで，人間の情報処理能力が進化す
るわけではありません。しかしながら，私たちはそれらに大きな混乱
を感じるわけではありません。身の回りの矛盾を含むさまざまな情報
から，瞬時に自分の生存に必要な情報は何かを判断し，即座に次の行
動をとるために，瞬時につじつま合わせしながら生きていけるような
表象原理になっています。言い換えれば，部分的な情報を適当に無視
したり，改変したりすることを，無意識のうちに繰り返しながら，生
き延びているのです。

Column　ゴーストとアバター

　ゴーストとは一般的に幽霊を表す英単語ですが，ここで取り上げ
るゴーストとは，ギルバート・ライル（文献［25］）が，デカルト
の心身二元論に対して，機械のような身体の中にゴーストが住むと
する教義と批判したことに端を発します。すなわち，身体を機械と
して捉えると，人間の心的機能の発現を説明するには，身体や行為
が作り出す影のような存在が必要であり，それをゴーストとライル
は称しました。

一方，仮想空間において，自分の分身となる仮想身体のことをアバターと呼びます。身体拡張技術やVR技術により，スーパーヒーローやアインシュタインのようなアバターさえも自由に設計することができるようになり，それを自分の身体のように感じながら操る環境が容易に構築できるようになっています。2009年に公開された『アバター』（ジェームズ・キャメロン監督）という映画では，ナヴィという先住民族が住む衛星パンドラにおいて，操縦者の意識を憑依させた人造生命体であるアバターは，DNAの一致しない他人では操作できないという制約がある操り人形でした。したがって，操り人形であるアバターが死亡しても，仮想身体なので，操縦者が死ぬことはありません。しかしながら，映画に限らず，仮想現実の中でアバターが死ぬような事態においてライルがいうところのゴーストの変化，たとえば情動や思考の変化について，これまで十分な研究が進められてきたとは言い難いのです。

　そこで，アバターという仮想身体と，それに伴うゴーストと呼ぶ心的機能との相互作用を実験操作できるようになってきたこともあり，身体の変容が認知や行動に与える影響を明らかにしようとする研究が盛んに行なわれるようになりました。このような研究テーマ群を総称してゴーストサイエンスと呼び，ゴーストを適切な状態に導く工学技術の体系をゴーストエンジニアリングと呼んだりします。

　アバターロボットとは，これまで仮想空間に存在していた操り人形のようなアバターを現実世界で実現したものであり，映画『アバター』のようなDNAの一致という制約もありません。人間が遠隔からアバターロボットを操作し，このロボットが体験したことを自分の体で体験することになります。自ら考えて行動することがないアバターロボットは，自律的に動作するロボットの開発より簡単だと思われがちですが，人間からの指示をもとにロボットの行動を実時間で制御し，ロボットが得た感触を実時間で人間に伝える必要があるので，インタフェースに関わる部分には高度な課題が残されています。

感じて操られる──感覚訴求

　私たちは一般に，喜びのような快感情を抱いているときには空間的に広い範囲の視覚情報を処理することができ，逆に悲しみのような不快感情を抱いているときには空間的に狭い情報しか処理できなくなります。すなわち，相手の感情によって，視覚的に呈示すべき場所も考え直した方がよいことになります。このように，一見無関係なさまざまな要因によって感じ方が柔軟に変化するので，それに適切に対応することが求められる場合があるのです。

　広告，宣伝などで，消費者が購買意欲を起こすように訴えかけることを訴求と呼び，大別すると2つの方法があります。チラシやホームページなど，言葉や文字による一般的な誘いかけを意味訴求と呼ぶのに対して，五感に直接訴えることで，行動を促すことを感覚訴求と呼びます。

　感じるということは，突き詰めれば欲求や情動を感じるということに繋がっているので，欲求や情動によって行動が促されることになります。欲求や情動を感じることは，自分が存在していることを確認することにもなります（本章コラム参照）。

　意味訴求によって行動が誘導されていることは意識できますが，感覚訴求は感じることができても，それによって誘導されてしまっていることを意識できないようなケースが多いのです。たとえば，一瞬で捉える仮想表象に基づいて行動するときには，厳密な距離感にも質感にも基づかない判断をしている可能性が高いのです。結果的に，二次元の平坦な世界を三次元的な段差のある世界に誤解してしまったりして，化かされてしまいます。化かされたとしても，それが安全で快適

な生活につながる仕掛けならば，歓迎されるでしょう。このように意識しないうちに誘導されるのが心地よいときもありますが，意図しない誘導には注意を要する場合も少なくないことは容易に推察できるでしょう。そこで，私たちの行動が知らず知らずのうちに誘導されていることを示す現象を取り上げていきます。

うわべに騙される——信頼性評価

　私たちが，驚くほど見落としがちであることは，第1章の非注意による見落としや変化の見落としという現象を紹介することで，明らかにしてきました。さらにここでは，顔に関する見落とし現象も取り上げます。顔をうわべしか見ておらず，自分が選んだはずの顔が違っていても，それに気づかない現象も紹介しておかなければなりません。図5-1のように，2枚の顔写真を示し（A），1枚を実験参加者に選ん

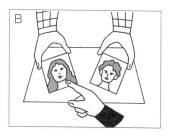

図 5-1　選択の見落とし

でもらうことにしましょう（B）。選んでもらう理由は，どちらの方と友達になれそうですかとか，逆に友達になれそうもない方はどちらですかとか，そのときそのときで異なるかもしれません。選択してもらった後に，一旦両方の写真を伏せて（C），選んでもらった写真を渡します（D）。そして，なぜこちらの方が友達になれそうと判断したのかを説明してもらうと，たとえば優しそうだったからとか，話してみたかったからという答えが返ってきます。しかし，このような説明ができるはずがないことに，読者の皆さんは気づいたでしょうか？

　実は図5-1（D）をよく見てもらうと，実験参加者に気づかれないように選択された写真ではない，もう一方の写真を渡しており，渡された写真を選んでいないので，自分の選択に関して，その理由が答えられるはずはないのです。このように，自分の選択ではないはずなのにそれに気づかず，その選択理由を尋ねると，明らかに後付けの説明をしがちであることが分かっています。自らの行為として示される選択結果が意図していた選択結果と変わっているのにもかかわらず，それを見落とす現象を選択の見落とし（Choice Blindness）と呼びます（文献［26］）。この現象から，顔を視覚的に確認し，自ら選択した情報でも，いかにあいまいであるかを知ることができますし，後からいかようにも自分を納得させるような理由を作り出してしまいがちであることを肝に命じなければならないでしょう。詐欺被害にあって，優しそうな人だと思ったのでだまされたという説明は後付けにすぎず，その場できちんと相手を見定めてなければなりません。

　さて，顔だけから優しそうな人と思い込んでしまうことは，誰でもあるでしょう。怒り，嫌悪，恐れ，喜び，悲しみ，驚きなどの情動を反映した表情は，人物の印象にも影響を与えることがよく知られています。このような表情は，文化依存的ではなく，人類に普遍的な特徴であり，生得的基盤を持つと言われています。相手に協力しそうだったり，正直そうだったりといった特徴をもつ人を信頼できる人，逆に相手を裏切りそう，ズルいことをしそうといった特徴をもつ人を信頼

できない人と定義すると，私たちは他人の顔からこのような信頼性を判断する傾向があることが分かっています。たとえば，さまざまな人の真顔の顔写真を見せて，それぞれがどれくらい信頼できるかを直感的に評価してもらうと，共通して信頼できると評価される顔写真や，逆に共通して信頼できないと評価される顔写真が存在します。なぜこのような共通した評価になるかというと，本人は真顔のつもりでも，他人にはにこやかで機嫌が良いように見える顔もあれば，しかめっ面で機嫌が悪いように見える顔もあり，機嫌が良く見える顔は信頼できると評価されがちであり，機嫌が悪く見える顔は信頼できないと評価されがちである傾向があります。これは，信頼できる人，信頼できない人がどのような顔をしているかについて，私たちにはある程度共通したイメージを持っていることを反映しています。

　しかしながら，実はそうしたイメージがあまり当てにならないことも私たちは経験的に知っています。信頼できそうな顔をした人が本当は悪い人だったり，信頼できそうもない顔をした人が，本当は良い人だったりすることがあるでしょう。人を信頼するか否かは，見た目ではなく，自分に協力してくれたか，裏切ったかなどの過去の行為に基づいて判断しないと騙されてしまうことになります。人の信頼性を判断する際に見た目と過去の行為のどちらに重きを置くかは，詐欺被害の遭いやすさと密接に関係するはずです。たとえば，高齢者の詐欺被害が関心を集めていて，加齢に伴う認知機能の変化，たとえば記憶力低下や直感に頼る傾向などが詐欺被害に遭うリスクを高めるのではないかと懸念されています。まずは，人の信頼性を判断する際に見た目と過去の行為のどちらに重きを置くかが若年者と高齢者で異なることを実験的に確認した結果を説明することにします。

　65歳以上の高齢者と30歳以下の若年者に「投資ゲーム」という架空の投資に取り組んでもらい，画面上の人物顔写真にお金を預けるか否かを決めてもらいます（文献［27］）。半数の人物は預けたお金を必ず倍返ししてくれる「良い人」，残り半数の人物は預けたお金を必ず

横領する「悪い人」とします。預け金が増えるまたは横領される経験を繰り返し，誰が良い人で誰が悪い人かを覚えてもらった後，記憶テストを実施しました。

このテストでは，呈示された人物顔写真が「投資ゲーム」に登場した良い人か，悪い人か，それとも登場しなかった人のいずれに当てはまるかを回答してもらいます。人物顔写真のうち，半数は事前の調査で高齢者にも若年者にも「信頼できる顔」と評価されやすかったもの，残り半数の人物は「信頼できない顔」と評価されやすかったものでした。見た目では良い人や悪い人を区別することができないようにしてあり，信頼できる顔の人にも，信頼できない顔の人にも，同じ頻度で参加者はお金を横領されたことになります。すなわち，見た目は良い人と悪い人の区別に役立たないことを何度も経験したことになります。

結果は，若年者とは異なり，高齢者は見た目で人を信頼し続ける傾向があり，過去に自分を幾度となく裏切った人であっても信頼できる顔であれば信頼してしまいました（文献［27］）。現実社会においても，見た目は人の信頼性を判断する上で有効な手がかりとは言えないので，高齢者は騙され続けやすいという可能性を示唆しています。単なる年齢差なのか，育ってきた時代などの要因を反映したものなのかは注意深く扱う必要がありますが，このような結果は高齢者を取り巻く詐欺被害に関係する心理学的リスク要因を明らかにしており，予防・啓発に向けた取り組みに役立つものと思われます。

そうはいっても，振り込み詐欺被害において，通常は犯人が顔をみせることなく，犯罪が行なわれる場合が多いでしょう。したがって，見た目で人の信頼性を判断してはいけないと注意しても，詐欺被害は減少しないことになります。多くの場合，電話で息子などになりすまして，金銭を振り込むように依頼されるといいます。このとき，留守番電話を有効に利用することが推奨されています。これは，多くの振り込め詐欺において，考える時間を与えないように，緊急性のある要件であると装って連絡してきたりする場合，相手の声がいつもと多少

違ったとしても，その違和感を見過ごしてしまいがちになるためです。詐欺の被害者を対象に行なった調査によれば，8割の人が留守番電話を活用しておらず，在宅中にもかかわらず，留守番電話にするのは不自然だと考えている高齢者が多いといいます。

　さらに，スピーカーなどで聞こえる言葉よりも，受話器など耳元で囁かれた言葉はより真実味を増して聞こえ，耳元で話されたことは重要視してしまう傾向があり，受話器から聞こえる会話の内容が重要なことのように感じてしまいます。したがって，留守番電話の伝言を聞いてから，直接自分の手でかけ直すようにすれば，振り込め詐欺にあう可能性は格段に低くなるはずです。常に留守番電話にしておき，かかってきた電話は原則としてリアルタイムでは出ないようにすることが，財産を守るために必要とされるのです。

化かす仕掛け——錯覚プロジェクション

　仮想表象では，外界の三次元空間が脳内で取捨選択，増幅，変形されて再構成されているので，このような仮想表象に基づいて行動させることで，私たちの行動を誘導することができます。距離感の歪みに

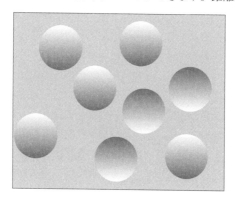

図 5-2　マフィン・パン錯視

より，二次元の平坦な世界を三次元的な段差のある世界に感じたりしてしまったりして，化かされてしまいます。化かされたとしても，それが快適な生活につながる仕掛けを，ここでは錯覚プロジェクションンと呼ぶことにします。

　まずは，二次元の平坦な世界を三次元的な段差のある世界に感じる現象を取り上げておきましょう。図5-2では，下に影があると凸（すなわち，マフィン），上に影があると凹（すなわち，パンと呼ばれる平鍋）に見えます。マフィン・パン錯視と呼ばれ，私たちができるだけ単一の光源を仮定し，さらにその光源を上部に仮定しやすいことから，このような奥行き解釈が成立すると考えられています。上方光源の制約条件は，私たちが日常的に太陽光による照明を仮定して見ていることに基づいています。その証拠に，この図を逆さまにして見ると，凹凸が逆転します。

　もう1つは，壁越しにのぞき穴から見るときのように，単一視点が固定であることによって，三次元的な構造が特定の見え方に誘導されてしまう現象を紹介します。図5-3は，エイムズの部屋（Ames

図5-3　エイムズの部屋

Room）として知られています。エイムズの部屋の中にいる2人の子供の身長はそれほど変わりません。なぜこのような身長差に感じるかというと，実際の部屋の形状は左側の奥行きが深く，床や窓枠は決して方形ではない。すなわち，左側の女の子は，右側の男の子よりずっと奥にいるのです。ところが，単一視点が固定であるのぞき穴から見たときには，私たちは部屋のさまざまなものがいびつであると解釈するより，人間が伸び縮みしたと解釈する方が容易であることから，このような錯覚が生まれるのです。

　両眼視差が存在しなくても，さまざまな奥行き手掛りによって奥行き感を得ることができることは第3章で取り上げました。照明が上方から来ることを仮定することで，表面の凹凸に基づく陰影が絵画的奥行き手がかりとなり，また同じ物体ならば近くの物体の方が遠くの物体より大きく，手前の物体は遠くの物体を隠してしまうので，マフィン・パン錯視やエイムズの部屋などの錯覚が起きるわけです。マフィン・パン錯視とエイムズの部屋を取り上げたのは，視点が固定されるような状況で，自動的に3次元世界として解釈する仕組みが働くときに生じる典型的な錯視だからです。両眼視差情報が遮断され，2次元的な情報しか存在しないのに，自動的に3次元世界として解釈する，錯覚プロジェクションの仕組みが働いていると考えられるのです。平面的なキャンバスに描かれた素晴らしい絵画でも，ときに豊かな3次元世界を想像させてくれますが，これも画家が作り出したある種の錯覚プロジェクションということになります。

　さて，安全で快適な生活につながるような，もっとも実績のある錯覚プロジェクションは，路面へのプロジェクションでしょう。図5-4左は，道路に三次元的な障害物があると錯覚されることで，車のスピードを制御させる目的で設置されたイメージバンプです。一方，図5-4右は，通路に三次元的な窪みがあると錯覚させることで，周りから目立たせる目的で描かれた錯視サインです。特に，後者は国籍や年齢を問わずに効果のある案内サインであるとともに，通路に案内板

図5-4　イメージバンプと錯視サイン（文献［28］）

として設置したときに視覚障害者などの通行の妨害にならないなど，副次的な効果も得られます。いずれも特定の視点から見たときにだけ感じることができる仕掛けであることを知っておく必要があるでしょう。直進する車，特定の通路に誘導したい歩行者にとって，3次元的な構造に感じられるのであって，他の視点から見れば，かなり歪んだ平面図にしか感じられません。

　もっと大規模な錯覚プロジェクションは，プロジェクションマッピングによって実現することができます。実際の建造物などの立体物に映像を張り付ける（マッピングする）ことが，プロジェクションマッピングです。実際の建造物の凹凸に合わせて映像を投影するプロジェクションマッピングは，従来の映画のように平面的なスクリーンへの投影，すなわち単なるプロジェクションとの間に投影方法という点では大きな違いはありません。ただし，図5-5に示すように，平面映像をただ建造物に投影するプロジェクションは，プロジェクションマッピングとは言わず，凹凸のある立体面をスクリーンに見立て，位置や色合いの調整をするキャリブレーションを施した映像を投影する手法を，プロジェクションマッピングと呼びます。

　実は，プロジェクションマッピングの歴史は古く，1960年代後半には，米国のアナハイムにあるディズニーランドのアトラクションの1つであるホーンテッドマンションで実用化されていたと言われています。最近になって，高輝度で高解像度のプロジェクタを使える

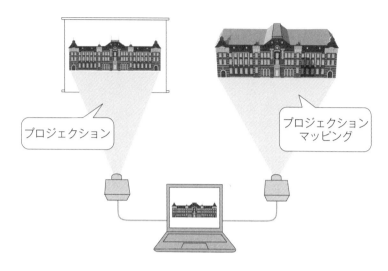

図 5-5　プロジェクションとプロジェクションマッピング

ようになり，屋外でもより明るく詳細に表示できるようになったことで，急速に社会的認知度が増したと言えます。たとえば，2012 年 9月に JR 東日本が東京駅丸の内駅舎に投影した上映イベント「TOKYO STATION VISION」では，重厚なレンガ造りの駅舎があたかも動き，崩れ，曲がり，輝き，奥行きが前後するかのように様々に変化する錯覚が演出され，一般に知られるようになりました。当然ながら，駅舎が崩れ落ちるはずはなく，見事な錯覚プロジェクションと言えると思います。プロジェクションマッピングでは，プロジェクタによって対象面に新たな映像を映し出すので，太陽光に邪魔されない暗い場所，もしくは夜間に行なうことが一般的なのですが，プロジェクタから投射光があたらない部分では暗闇に戻ってしまうので，建造物を部分的に隠すことで，建造物全体の形状も変えてみせる，すなわち駅舎が崩れ落ちるというような大規模な錯覚プロジェクションを容易に実現できるという特徴を持っています。プロジェクションマッピングは，凹

凸のある建造物にうまく投影するために，コンピュータグラフィクスを駆使して入念に製作する必要がありますが，最近では，専用のアプリとプロジェクタがあれば，家庭でのイベントなどでも簡易なプロジェクションマッピングが実現できるようになっていて，身近な事物に新しい印象を与える手法として，美しい映像を映し出して，錯覚プロジェクションという視覚効果を楽しめるわけです。

　さらに，静止画に動きを感じさせる変幻灯という錯覚プロジェクション技術も開発されています（文献［29］）。プロジェクションマッピングは暗い場所で実施することが多いですが，変幻灯はむしろ明るい場所で，投影対象が自然に見える状況で，プロジェクションマッピングとは異なる新たな視覚体験を生み出すことができる技術です。具体的には，写真，絵画，壁紙などの静止画に，プロジェクタで揺らぎ成分を追加投影すると，目の錯覚により，動画のように動いて見える仕掛けです。特に，炎のゆらめきや，風の印象，人物が生きているよ

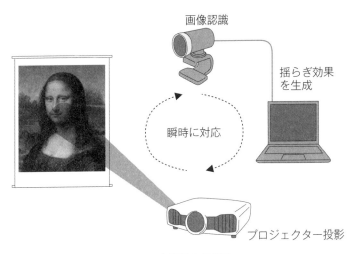

図 5-6　変幻灯の仕組み

うな動きを絵画や写真に加えることができます。図5-6に示すように，静止画から動く映像を作成し，そこからモノクロの動き情報，すなわちゆらぎ成分を取り出したものをプロジェクタで投影します。すなわち，投影によってモノクロのゆらぎパターンだけを静止画に加えることになります。静止画に含まれている色や形はそのまま見えていますので，画像としては正しい動画になっていませんが，それを見た人間の脳は，まるで動画であるように錯覚します。

　われわれ人間は，この状況において，色や形などの特徴を静止画から抽出し，動きは投影されたモノクロの映像から抽出しますが，色や形は静止しているので，動きと空間的にずれが生じているはずです。しかし，つじつまを合わせて対象物を理解しようとする脳は，動き，色，形を統合する際に，そのずれを補正しまうのです。すなわち，われわれが変幻灯を体験する際には，動き，形，色のずれに気づかずに，あたかも色や形が一体となって動いているように感じます。結果的に，止まっていると思っていた絵画や写真が，変幻灯に照らされることで，突然ゆれたり，しゃべったりする，これまでにない体験ができるわけです。

　静止対象へ変幻灯を適用することで，情報表現の幅が広がることが期待されています。消費者が静止画だと思っていた対象物に，動きを与えることが可能となり，注目させる効果を増強させ，プロモーションやエンターテインメントなどの用途に活用できるはずです。紙媒体に動き印象を加えることで，広告として伝えたいメッセージを強調したり，床，壁などのインテリアの模様を，液体が流れているように見せたり，熱気を演出したりすることができます。エンターテインメント分野にも，たとえばキャラクタのイラストに変幻灯を適用することで，キャラクタに動きを与え，愛らしさや驚きを付け加えることができるでしょう。

見栄えの誘惑――フードポルノ

　飲食物を味わうときに，味覚と嗅覚が不可分である仕組みになっていることは，すでに第3章で説明しました。さらに，味覚と嗅覚だけではなく，五感の全てが飲食をしている人々の行動に影響することが知られるようになってきました（文献［17］）。

　特に，視覚の影響が顕著であることは，料理の盛り付けの重要性を示すことで科学的な証明が簡単にできます。さらに，美しく盛り付けた料理には，美味しそうに見えるだけでなく，その対価にも影響することが明らかになっています。たとえば，大学のレストランに集められた160人の食事客に，ごく普通のミックスサラダと，図5-7のような，まるでカンディンスキーの絵画のように盛り付けたサラダを出してみた結果，人々は見た目に優れた料理に倍以上の対価を支払っても良いと考えることが報告されています（文献［17］）。

**図 5-7　カンディンスキーの絵画（左）と
カンディンスキーの絵画風サラダ（右）**（文献［17］）

インターネットやソーシャル・ネットワーキング・サービス（SNS）において，食に関する情報はもっとも人気のあるテーマの１つであるため，スマートフォンなどで撮影された料理の映像は，瞬時にそれらの上で公開されることが多くなっています。当初は，宣伝になると歓迎する店もあれば，レストランなどでの無断撮影や公開などの行為は，知的財産の侵害であり，マナー違反だと考える店もあり，世界中で物議を醸しました。しかしながら，2017年に流行語大賞を受賞した「インスタ映え」という，写真投稿SNSのインスタグラムに写真や動画を投稿するときに，たくさん「いいね！」を付けてもらえるような，見栄えの良い写真を撮ることから生まれた言葉で象徴されるように，美しく盛り付けた料理を売り物にする飲食店が増え続けているのは確かなようです。

　食欲をかき立てるような料理写真や，おいしそうな料理の調理の様子を写真や動画で撮影してブログに公開したり，SNSなどに投稿したりして，他のユーザーと共有して楽しむ行為は，フードポルノと呼ばれています。ポルノ鑑賞が性欲を刺激するのと同様に，料理の写真や動画を見ることが食欲を刺激することから，このようなセンセーショナルなネーミングの造語が使われるようになっています。

　センセーショナルなネーミングと言っても，食欲も性欲も人間の本能なので，両者の脳活動には共通点があることは確かです。食事を楽しい気分で美味しく食べると，脳は刺激を受け，報酬として快感を増幅する神経伝達物質であるβエンドルフィンやドーパミンなどが多く分泌されます。別名「ハピネスホルモン」と呼ばれるβエンドルフィンは，本能を満たす刺激を受けたときに分泌されると言われています。「快楽物質」とも呼ばれるドーパミンは，脳の主要な報酬系を支える化学物質であり，気持ちがよいという感覚が生じているときは，脳内で報酬系の神経が活性化して，大量に分泌されます。本能を満たした時の喜びはいつまでも継続することはなく次第に抑制され，収束します。

　ドーパミンは，報酬体験や快楽体験を認識し，強化するという2つの役割を持ちます。美味しいミルクシェイクか，味のついていない液体かのいずれかを口にした際に，脳の特定領域で放出される神経伝達物質ドーパミンを追跡した結果，ミルクシェイクを飲んだ被験者の脳内では，ドーパミンが2度放出されることが報告されています。1度目は，ミルクシェイクを口に入れたときで，2度目はミルクシェイクが胃に到達したときでした。また，ミルクシェイクを飲みたいという被験者の欲求と，最終的に放出されたドーパミンの量の間に，欲求が大きければ大きいほど，1度目に放出されるドーパミンの量は多い一方で，胃に到達したときの放出量は少なかったので，人間の食欲が，われわれが最終的にどれだけの量の食べ物を摂取すべきであるかという判断を上回るという考え方を裏づけています。逆に，うつ状態においてドーパミン機能が低下する場合に，食欲低下が起こることで食事が摂れなくなりますが，ドーパミン神経系の機能を高める抗うつ薬を用いると，食欲が回復するようになります。

　食事のときは，脳内に適度なβエンドルフィンやドーパミンが放出されるように，食事を楽しむことが大切です。しかしながら，きれいに盛り付けられた美味しそうな料理を目の前にして，自らの意思で食欲をコントロールすることがとても難しい仕組みになっていることも理解してもらえるのではないかと思います。料理番組や商品の宣伝で，カロリーや脂肪分の高い食品にもかかわらず，食欲をそそるような演出で紹介することも，フードポルノと呼ぶことがあり，健康への悪影響や肥満に結びつきやすい料理写真や投稿を表す言葉としても使われています。

　フードポルノには含めないかもしれないのですが，「インスタ映え」する料理写真に「いいね！」を付けてもらいたくて，アップロードした結果が四六時中気になってしょうがないという承認欲求も，何に快楽を感じるかが変化してきたあかしであり，食欲などの生理的欲求とも並ぶ代表的欲求になっていて，見栄えばかりに特化し，フードポル

ノが過激化する要因になっているように思います。

　見栄えに翻弄されるのは，第3章で説明した通り，味覚の仕組みだけでは十分な味の判断ができないことに起因します。本人が美味しいと感じる根拠さえ，かなり曖昧であることは，味覚に関する選択の見落としという現象で確認することができます。選択の見落としと呼ばれる現象は，自らの行為として示される選択結果が意図していた選択結果と変わっているのにもかかわらず，それを見落とす現象であることは，本章の冒頭に顔写真の選択の例を使って説明しました。この選択の見落としは，味覚においても起こるのです（文献 [30]）。たとえば，スーパーマーケットを訪れた買い物客に味覚評価に協力してもらうように頼み，協力に同意してくれた買い物客に色と口当たりが似たカシスジャムとブルーベリージャムの2種類のジャムを試食し，お気に入りのジャムを選んだ後，同じものをもう一度食べてもらい，どうしてそれを選んだのか，もう一方のジャムに比べて何が優れているのか，説明してもらいました。すると買い物客は，どうしてそれが気に入ったのかといった説明や，この味のジャムをトーストに塗ると特に美味しいといった話を調査員に熱心に話して聞かせたのです。ただし実は，買い物客が選んだお気に入りのジャムを2回目に食べるとき，調査員がそれをもう一方のジャムにすり替えていたのです。ところが，買い物客の多くはそれに気づかずに，後付けの説明をしていたわけです。これが，味覚に関する選択の見落としです。

　上述のように，視覚や嗅覚などで得られた知覚情報を含めた味覚の仕組みだけでは十分な味の判断ができず，五感で得られる知覚情報以外の情報も統合することで，美味しさばかりではなく，忌避すべき毒性などを含めた味の判断を常にしているので，このことが逆に現代人が味覚以外の情報に依存してしまいがちになることにつながってしまうとも考えられます。特に，現代人にとってコマーシャルや安全表示などの情報による先入観が，美味しさを判断する重要な部分を占めるようになっていることが容易に推定できます。たとえば，あらかじめ

美味しいとわかっているパンを 4 つ用意し，その中に 1 つカラシを入れたという説明し，4 つのパンのうち 1 つを選び，その場で食べるように指示すると，ある種の先入観により，不安顔でパンをとって眺め回し，異変がないかとにおいを嗅ぎ，なんら異変を見つけられなかった実験参加者は，仕方なく 1 つのパンを選び，恐る恐る一口食べ，大丈夫ならばもう一口食べ，それでも大丈夫ならば，やっとパンの半分くらいを一度に食べるようになります。このような食べ方は野生動物と同じだと報告されています（文献 [16]）。実はどれにもカラシを入れていない欺瞞実験（実験の目的や教示を偽って実施する実験）なので，そもそも視覚的にも，嗅覚的にも，食べてみなければ識別できるはずがありません。このような不安な状況では，美味しさを感じることが困難であることはわかっていただけるのではないかと思います。野生動物とは異なり，事前に安心できる状況で味わえることが，人間が美味しさを感じることのできる要因になっています。

　コマーシャルや安全表示などの情報には，科学的根拠があると信じられているので，賞味期限とか，消費期限とかを守ることで，忌避したい飲食物を不用意に摂取しなくて済みます。ただ，多くの人にとって，科学的な根拠があっても，不安な状況を払拭できないこともあります。未使用の検尿コップには，毒物は入っていませんし，市販の紙コップと同様に清潔です。しかし，検尿コップに飲み物を入れて飲むことはためらいますし，特にビールを入れて飲むは著しい抵抗感が伴うと思います。これらはある種の錯覚ですが，これまでの経験や知識が飲食行動に大きな影響を与えていることは明らかです。

　味覚の仕組みだけでは十分な味の判断ができないということは，味を変えずに，美味しいと感じさせることが可能であることになります。イグノーベル栄養学賞を受賞したソニックチップという研究がその代表です（文献 [31]）。ポテトチップスを噛み砕いたときの音，特にその高周波成分を増幅させると，自分が食べているポテトチップスが実際より 15％ほどサクサク感が増し，新鮮であると感じられることが

実証されました。音には，空気の振動が外耳道を通じて聞こえる音と，顎の骨を伝わって内耳に届く音の２種類があり，飲食物を口に入れたときに生じる感覚，いわゆる食感と結びつけられているのですが，ソニックチップはその仕組みをうまく利用して，外耳道から入った音によって口の中の食感が変わってしまうことに誰も気づかないことを明らかにしたのです。

　サクサク感を感じるとなぜ美味しく感じるのかという点も検討されています。それは，サクサク感が果物や野菜の新鮮さを見分ける重要な情報を反映するからだと考えられていて，逆に言えば，サクサク感のない，しけたポテトチップスは栄養成分が変わらないのに美味しいとは感じない理由も，この観点から説明することができます。ポテトチップスの多くがガサガサと音のする袋に詰められているのも，実は消費者の購買行動を誘導していることに気づくことは難しいのですが，たとえば中身が同じポテトチップスでも，ガサガサと音のする袋に詰められたポテトチップスは，感じられるサクサク感が増すことが報告されています。

　これまでに説明してきた様々な例によって，味覚の仕組みだけでは十分な味の判断ができず，五感で得られる知覚情報を統合することで，美味しさを判断していることは明らかです。主に，料理の写真や動画を見ることで食欲を刺激することになるフードポルノは，料理に興味を持ってもらう意味で重要な役割を果たしています。レストランを賢く運営するなら，五感の働きを知り，科学的な根拠に基づいた適切な環境を作る工夫をしたレストランが成功することは，利益を伸ばしているレストランチェーンの多くがすでに実証しています（文献 [17]）。ただし，フードポルノの問題点として，自分が思っている以上に操られ，必要以上に多くの飲食をし，長期的に不健康な食生活の方向へ誘導されることにあります。美味しさを感じ，健康的な食生活を送るためには，飲食物に関する五感を通じた知覚の影響を正しく理解しておくことが必要です。

誘導される行動——感覚マーケティング

　まずは，ピザの大きさを主観的に判断してもらいましょう。図5-8上の3つのピザの大きさは，一番左のピザを1とすると，中央と右のピザは何倍に見えるでしょうか？　問うているのは，物理的大きさではなく，主観的な大きさです。このような大きさについての平均的判断は，直径に比例したものになりがちです。この場合，左に比べ中央と右のピザの直径が1.5倍と2倍になっているので，それぐらいの倍率の回答を考えた方が多いのではないかと思います。ところが，中央と右のピザの面積は，直径の二乗倍となり，左の円に比べ2.25倍と4倍の大きさになっています。大きさを問われたときに，とっさには面積ではなく，直径で考えがちである傾向が，回答に反映されていることになります。

　図5-8左下には，小さな皿と大きな皿にケーキが乗せられていて，並べてみればケーキの大きさは変わらないことは明らかですが，単独で見せられると，小さな皿に乗せられたケーキの方が大きく感じられます。皿とケーキが同心円状に配置された結果，デルブーフ錯視 (Delboeuf Illusion) と呼ばれる内円の大きさに関する錯覚が起こっているためです。料理の盛り付けを，大きな皿で提供すると，量が少なく，小さな皿で提供すると，量が多く感じられることになり，レストランでの価格設定や消費者の満足感にも影響するとともに，ダイエットなどの食事制限が必要なときに，有効となる場合もあるでしょう。

　ピザの例に戻って考えてみましょう。左のピザに比べ，右の大きさのピザを作るには4倍の材料費がかかるので，4倍の価格が妥当かもしれません（材料費だけで原価が決まるわけではないことは明らかですが）。しかし，私たちは2倍の大きさであるとしか感じていないならば，4倍の価格では非常に割高に感じてしまうでしょう。消費者にとって，主観的大きさに比例した2倍の価格が適正だと感じたとすれば，販売

図 5-8　ピザ，ケーキ，グラス飲料のお得感

業者としては4倍の価格はつけられず，材料費に見合った収益を上げられないことになります。すなわち，右のピザの価格が4倍ならば，左のピザを4枚買ったほうが総面積は同じなのにお得感があるでしょうし，右のピザの価格が2倍ならば，左のピザを2枚買うことに比べて，右のピザを1枚買った方が総面積2倍なので満腹感が高くなるに違いありません。製造コストとは別に，消費者の感覚を考慮して価格設定をするマーケティングが必要です。このような消費者の知覚が強く影響を与えるマーケティングのことを，感覚マーケティングと呼びます（文献 [32]）。

　さらに別の例も挙げてみましょう。図5-8右下に示すように，同じ容積のグラスですが，1つは細長く，もう1つはずんぐりした形のグラスの場合，細長いグラスの容積が大きいと判断されがちです。これは，容量を推定する際にグラスの幅より，高さを優先することに基づきます。ところが，両者で水を飲んだときに，同じ容量であるにもかかわ

らず，細長いグラスよりもずんぐりしたグラスで飲んだほうが，多く
の水を飲んだと回答します。これは，グラスで水を飲むときに，そも
そも容量に対する期待があり，相対的に容量が少ないと判断されてい
た，ずんぐりしたグラスで水を飲むと予想以上に水の量が大きいこと
に驚くのです。レストランなどで，どのようなグラスで飲み物を提供
すべきかも，価格設定や消費者の満足感にもかかわる感覚マーケティ
ングの問題です。

　私たち消費者は，ほとんど意識することなく，消費する対象からな
んらかの感覚刺激を受けています。今日の世界は，人類史上，先例の
ないほどの感覚経験にあふれているとも言えるでしょう。しかも明示
的な広告とは異なり，感覚刺激の多くをマーケティング・メッセージ
だとはみなさないために，ほとんど抵抗なく受け入れることができま
す。ピザやグラスの大きさの例でもわかるように，消費者に合理性を
仮定したのでは説明できない判断や行動を捉えようとしているのが，
感覚マーケティングの特徴です。

　感覚マーケティングの中心的な研究領域は，感覚間の相互作用です。
異なる感覚情報や特徴情報の間に結びつきが見出される現象は，感覚
間協応と呼ばれています。このような感覚間協応は，たとえば身体の
小さな動物は高い声を出しやすく，大きな動物は低い声を出しやすい
などの経験から，高い音と小さいもの，低い音と大きいものが相互作
用することで生じると考えられます。

　私たちがすでに感じている相互作用を利用することで，消費者の
選択を誘導することができます。たとえば，明るい視覚刺激と高い
音，暗い視覚刺激と低い音の組み合わせに感覚間協応関係があること
が知られています。図5-9上のような，架空のテーマ曲を流しながら
架空レストランのインテリアや店員を紹介するコマーシャル動画を見
せた後，図5-9下のようなレストランの特徴を黒い背景で5文節，白
い背景で5文節を同時に5秒間呈示します。このような呈示を繰り
返し，最終的に20文節呈示します。その間，平均2,090Hzの高音ま

図 5-9　レストラン紹介における感覚間協応（文献 [33]）

たは 66Hz の低音を流しました。このような動画と文節群を見せた後，どの文節が呈示されたかを答える記憶課題を行なうと，全体としては明るい背景の方が覚えているものの，音の周波数の高低に協応するような背景の明るさで呈示されていた文節をよく覚えていました。

　同様に，スーパーマーケットの白い棚と黒い棚に置かれた，まったく同じ種類のバナナについて，館内音楽を 30 分毎に平均 2,000Hz もしくは，115Hz という周波数の音楽を流すと，館内音楽に協応のある棚のバナナの方が売れました。すなわち，高音の音楽が流れているときは白い棚のバナナが，低音の音楽が流れているときは黒い棚に置かれたバナナが売れ，感覚間協応が顧客の購買活動へも影響を与え，マーケティング上の効果も検証でき，顧客を自動的に誘導できました。

　ガサガサと音のする袋に詰められたポテトチップスのサクサク感が増すことはすでに述べましたが，古くなってサクサク感が失われたポテトチップスをごまかすためには，ポテトチップスがいい音を立てて

いるかどうか分からないくらいの大音量で音楽を流せば，ポテトチップスの古さに気づかないかもしれないのです。臨場感のある音響設備が整ったスポーツバーで，スポーツ観戦をしながら，客が一緒になって大騒ぎで応援し，ビールのつまみとしてポテトチップスを食べるような状況では，楽しみは飲食とは別にもあるので，サクサク感が失われた古いポテトチップスを提供しても，文句は言われないのかもしれません。ポテトチップスのサクサク感を例にして説明しましたが，ポテトチップスに限らず，様々な食品や料理の食感は，レストラン，もしくは食卓周辺の環境，特に音響環境に影響を受けるので，騒音と言えるようなレベルの音は一般的には食体験を損なうことになるかもしれないことを，料理などの提供者は常に注意を払う必要があります。このような現象を含め，特殊な音や音楽を使って飲食物の味を意図的に変える様々な方法は，音響調理（Sonic Seasoning）と呼ばれています（文献［17］）。

　製品を訴求する広告，宣伝において，飲食物のイメージを最も魅力的に感じるのは，他者の視点，すなわち 3 人称視点ではなく，それを食べている自分の姿を容易に想像できる主観的視点が与えられたとき，すなわち一人称視点から食べ物を眺めている映像であることが分かっています。たとえば，即席スープのパッケージのデザインとして，深皿に入ったスープに，さらに右からスプーンを近づけた写真は，左からスプーンを近づけた写真より，消費者の購買意欲は 15％上昇と言われています。我々の大部分は右利きであり，皿に右からスプーンを近づけた写真が主観的視点からの写真となります。すべて右側からスプーンでスープをすくい上げている図 5-10 のパッケージの具体例を見るまでもなく，食べ物を自分で食べている姿を想像しやすい，主観的視点からの広告の方が，消費者が気にいって選択しやすいことは，マーケティングの専門家はよく知っているのです（文献［17］）。

　製品を訴求する広告において，製品とは一見無関係な情報によって感覚的側面が強化されていくことは必然でしょう。ただし，たとえば

図 5-10　即席スープのパッケージ例
各社製品広告より（文献［34］）

小さな皿で食べることにより食事量が減るかどうかなど，感覚マーケ
ティングに関わる研究成果の再現性について，議論が分かれている場
合もあり，環境に依存して，結果が変わりうることに十分注意しなけ
ればなりません。当然ながら，感覚的な手がかりが多い方が必ずしも
良いわけではなく，多過ぎれば，人々が混乱し，過剰に感じることも
あるでしょう。感覚マーケティングは，一時的な販売促進など，企
業の売り上げや利益だけを目的にするのではなく，長期的視点に立
ち，消費者や社会全体を発展させることを目的にしなければなりませ
ん（文献［35］）。感覚マーケティングの重要性に気づいていたとしても，
顧客を最適に誘導し，社会全体を発展させる方法を探すことは容易で
はありません。

Column　私はすでに死んでいる

　感じるということは，突き詰めれば欲求や情動が生じるというこ
とに繋がっています。たとえば，赤い果実を識別する色覚処理経路
は，食べたいという食欲を生じさせ，音楽を周波数分解して取り込
む聴覚処理経路は快楽中枢を刺激し，人間の情動を生じさせます。

進化の過程で，欲求や情動を感じられるような仕組みとして，色覚処理経路や聴覚処理経路が成立してきたと言っても過言ではないでしょう。さらに，欲求や情動を感じることで，自分が存在していることを確認することができます。当然ながら，自分が存在しなければ，感じることもありません。死とは，感じなくなった存在になることであり，死に対する恐怖は，存在しなくなる恐怖でもあります。

　もし自分が存在してしないという妄想を抱いたとすれば，食欲も感じないし，眠る必要も感じなくなります。もちろん，食べて，睡眠を取ることで，生命が維持されるのですが，自分は死んでいると感じるコタール症候群の患者は，そのような欲望を失ってしまっています（文献［36］）。指に刺さった針を痛いと感じず，死者であるはずの自分にも血が出ることに，とても驚きます。コタール症候群の患者に，生きているという証拠を見せても，すべて「私はすでに死んでいる」という思い込みに合うように曲解してしまい，理性的に判断することが難しくなっています。コタール症候群の患者は，重度のうつ病を発症していることが多く，うつ病に伴うネガティブな思考が先鋭化した状態として位置付けることもできます。身体の一部が喪失したとか，腐敗しているという思い込みや，「自分を見る人に邪悪なものが移ってしまう」などという強い罪悪感などがあり，そもそも自分は存在していないという主張をすることもあります。

　コタール症候群の患者の脳活動を計測すると，前頭頭頂ネットワークの代謝が極端に低くなっており，その結果自分の身体に対する合理的な推論ができなくなってしまっていると考えられています。ただし，コタール症候群の患者が抱く妄想のメカニズムが十分に解明されたとは言い難いのです。

　私たちは通常，身体を自分で制御できる所有物であるという確信を持っていて，そこから外界を感じることができます。自己とは，脳と身体の複雑な相互作用の産物です。自分の身体を自覚することは，進化の過程で大きな一歩だったに違いありません。自分の身体

の存在を否定するコタール症候群は，自己の仕組みを探る重要な手がかりになると考えられています。

あとがき

　当初，「感じる認知科学」という書名で，五感の認知科学について書こうと思っていました。一般には，知覚に関する認知科学的研究は，低次の情報処理過程を扱っているように捉えられますが，感覚器官の仕組みは非常に精巧かつ，複雑なので，本当に分かっていることは限定的です。それでも，まず視覚認知の仕組みを神経生理学，実験心理学，モデル科学の観点から平易に説明し，順次聴覚認知，触覚認知へと続くような内容は，知覚に関する認知科学的研究に興味を持つ方々には，必要な情報かもしれないと今でも感じています。しかし，神経生理学や実験心理学の教科書で，すでにそのような器官に関する解説を体系的に取り上げています。そこで，本書は別の観点から，知覚，すなわち感じることの正体について取り上げることにしました。誰でも感じる仕組みをある程度知っているつもりでしょうが，実は感じることの正体には意外に無知なのではないだろうかと考えたためでもあります。

　ここで参考になるものとして，説明深度を調べることで，私たちの無知に関して評価する方法が提案されています（文献［37］）。まず，○○の仕組みについてどれだけ理解しているかを自分自身で7段階で評定してもらい，次に○○の仕組みを詳細に説明することを求めます。○○は，たとえばテレビとか，電話とか，何でも構いません。多くの場合，分かっているつもりになっている仕組みについて，自分の予想より説明できない事態に陥ってしいます。その後，改めて○○の仕組みについてどれだけ理解しているかを7段階で評定してもらうと，当然ながら最初の評価より下がり，私たちが色々な仕組みに意外に無知であって，「自分はその仕組みをかなり分かっている」という錯覚の中で暮らしていることが突きつけられるというものです。実は，見る

とか，聞くとか，触るとか，味わうとかという知覚は日常的な行動であり，自分自身の仕組みについて，誰でも一定の理解ができていると思っているのですが，やはり大きな説明深度の錯覚があることは，本書を読み進めていただければ明らかでしょう。

　人間は外的世界を瞬時に正確に認識できていると誤解しがちです。しかし，感じるということは，仮想表象によって大まかな情報をもとに，詳細を見ているような錯覚しているのに過ぎません。身体表象を変化させることで感じ方が変わるように，身体表象と環境との相互作用によって脳内表象が形成されていて，基本的に調和のとれた，つじつまの合った外的世界で構成されていることを前提に，効率的な処理が実現されているというのが正体です。しかも，現実世界には雑音が多く，あまり厳密な解を求めるとすると，いつまでたっても解が得られないことになりかねず，解が得られなければ，次の行動もできないので，それを回避するために，脳は瞬時につじつまを合わせる表象原理を採用しているのです。

　さらに，自分が見たり，聞いたり，触ったりして，感じられることは，他の人にとっても同様であると思いがちであり，実は大きな個人差があることに思い至りません。モスキート音に対して，高齢者は何も感じていないので，不快という感情が起こるはずもありませんが，若齢者には著しく不快に感じるような場合があるのです。また，この例のように，年齢と共に，自分自身の感じ方が変化していることに気づかずにいると，詐欺被害や散財など，深刻な問題を抱えかねません。

　感じるという基本的な行動の仕組みでさえ，自分で思っているより無知であるという自覚が必要であり，もしそれが欠如している場合には，ときに不合理な判断や行動によって，個人や社会に危険な影響をもたらしかねませんが，知れば知るほど，私たちの感じる仕組みが効率的で素晴らしいことが理解してもらえるものと信じています。

　2020 年 10 月

　　　　　　　　　　　　　　　　　　　　　　　横澤一彦

文献一覧

さらに理解を深めたい読者のために，本書中で引用した文献および紹介した文献を以下にまとめました。

[1] チャブリス，C. & サイモンズ，D.（2011）.『錯覚の科学——あなたの脳が大ウソをつく』文藝春秋.

[2] 横澤一彦・大谷智子（2003）.「見落とし現象における表象と注意——非注意による見落としと変化の見落とし」『心理学評論』*46*（3），482-500.

[3] Yokosawa, K. & Mitsumatsu, H.（2003）. Does disruption of a scene impair change detection? *Journal of Vision, 3*（1），41-48.

[4] 横澤一彦（2010）.『視覚科学』勁草書房.

[5] Johansson, G.（1973）. Visual perception of biological motion and a model for its analysis. *Perception & Psychophysics, 14*（2），201-211.

[6] Heider, F. & Simmel, M.（1944）. An experimental study of apparent behavior, *American Journal of Psychology, 57*（2），243-249.

[7] ラマチャンドラン，V. S. & ブレイクスリー，S.（1999）.『脳のなかの幽霊』角川書店.

[8] Intraub, H.（1997）. The representation of visual scenes, *Trends in Cognitive Science, 1*, 217-232.

[9] 柏野牧夫（2010）.『音のイリュージョン——知覚を生み出す脳の戦略』岩波書店.

[10] Julesz, B.（1960）. Binocular depth perception of computer-generated patterns. *Bell System Technical Journal, 39*, 1125-1162.

[11] 菊地正編（2008）.『感覚知覚心理学』朝倉書店.

[12] リンデン，D. J.（2016）.『触れることの科学——なぜ感じるのかどう感じるのか』河出書房.

[13] ペンフィールド，W. & ラスミュッツセン，T..（1986）.『脳の機能と行動』福村出版.

[14] Geldard, F. A. & Sherrick, C. E.（1972）. The cutaneous "rabbit"：a perceptual illusion. *Science, 178*, 178-179.

[15] Jousmäki, V. & Hari, R. (1998). Parchment-skin illusion: sound-biased touch. *Current Biology, 8,* R190.

[16] 伏木亨 (2008).『味覚と嗜好のサイエンス』丸善出版.

[17] スペンス, C. (2018).『「おいしさ」の錯覚——最新科学でわかった、美味の 真実』KADOKAWA.

[18] 山本隆 (2017).『楽しく学べる味覚生理学——味覚と食行動のサイエンス』建帛社.

[19] 鈴木宏昭 (2016).『教養としての認知科学』東京大学出版会.

[20] Rensink, R. A. (2000). The dynamic representation of scenes. *Visual Cognition, 7,* 17–42.

[21] Whitney, D. & Leib, A. Y. (2018). 1Ensemble perception. *Anual Review of Psychology, 69,* 105–129.

[22] Rosenholtz, R. (2020). Demystifying visual awareness: Peripheral encoding plus limited decision complexity resolve the paradox of rich visual experience and curious perceptual failures. *Attention, Perception, & Psychophysics, 82,* 901–925.

[23] 鳴海拓志 (2019).「ゴーストエンジニアリング——身体変容による認知拡張の活用に向けて」『認知科学』*26* (2), 1–16.

[24] 横澤一彦 (2017).『つじつまを合わせたがる脳』岩波書店.

[25] ライル, G. (1987).『心の概念』みすず書房.

[26] Johansson, P., Hall, L., Sikström, S., & Olsson, A. (2005). Failure to detect mismatches between intention and outcome in a simple decision task. *Science, 310(5745),* 116–119.

[27] Suzuki, A. (2018). Persistent reliance on facial appearance among older adults when judging someone's trustworthiness. *Journals of Gerontology Series B: Psychological Sciences and Social Sciences, 73* (4), 573–583.

[28] (左) 積水樹脂株式会社 https://www.sekisuijushi.co.jp/products/result/info/category01_16.html (右) 京急電鉄 https://www.keikyu.co.jp/company/news/2018/20190128HP_18221KK.html

[29] Kawabe, T., Fukiage, T., Sawayama, M., & Nishida, S. (2016). Deformation lamps: A projection technique to make a static object perceptually dynamic. *ACM Transactions on Applied Perception, 13* (2), Article 10.

[30] Hall, L., Johansson, P., Tärning, B., Sikström, S., & Deutgen, T.（2010）. Magic at the marketplace: Choice blindness for the taste of jam and the smell of tea. *Cognition, 117*（1）, 54–61.

[31] Zampini, M. & Spence, C.（2004）. The role of auditory cues in modulating the perceived crispness and staleness of potato chips, *Journal of Sensory Studies, 19*, 347–63.

[32] クリシュナ, A.（2016）.『感覚マーケティング——顧客の五感が買い物にどのような影響を与えるのか』有斐閣.

[33] Hagtvedt, H. & Brasel, S. A.（2016）. Cross-modal communication: Sound frequency influences customer responses to color lightness. *Journal of Marketing Research, 53*（4）, 551–562.

[34]（左）清水食品株式会社　https://www.ssk-ltd.co.jp/products/detail/ 370660 （中）味の素食品株式会社　https://www.ajinomoto.co.jp/ products/detail/?ProductName=knorr_cup_7# （右）ポッカサッポロフード＆ビバレッジ株式会社　https://www.pokkasapporo-fb.jp/ products/soup/jikkuri/JK18.html

[35] 米田英嗣・和田裕一編（2020）.『消費者の心理をさぐる——人間の認知から考えるマーケティング』誠信書房.

[36] アナンサスワーミー, A.（2018）.『私はすでに死んでいる——ゆがんだ〈自己〉を生みだす脳』紀伊国屋書房.

[37] スローマン, S. & ファーンバック, F.（2018）.『知ってるつもり——無知の科学』早川書房.

索　引

著者紹介

横澤一彦 (よこさわ・かずひこ)

東京大学人文社会系研究科教授

1979年東京工業大学工学部卒業，1981年東京工業大学大学院総合理工学研究科修士課程修了，1990年工学博士取得，1981年日本電信電話公社に入社し，基礎研究所で人間の視覚情報処理の研究に従事。1986年ATR視聴覚機構研究所主任研究員，1991年東京大学生産技術研究所客員助教授，1995年米国・南カリフォルニア大学客員研究員，1995年NTT基礎研究所主幹研究員などを経て，1998年東京大学大学院人文社会系研究科助教授，2006年より現職。2009年米国・カリフォルニア大学バークレイ校客員研究員。1995年日本認知科学会優秀論文賞，2001年日本心理学会研究奨励賞，2004年日本認知科学会奨励論文賞，2008年および2012年日本基礎心理学会優秀論文賞，2019年日本心理学会優秀論文賞，各受賞。2017年日本認知科学会フェロー。主な著書に『視覚科学』(2010年，勁草書房)，『つじつまを合わせたがる脳』(2017年，岩波書店)，『注意——選択と統合』(2015年，勁草書房，分担執筆)，『オブジェクト認知——統合された表象と理解』(2016年，勁草書房，分担執筆)，『美感——感と知の統合』(2018年，勁草書房，分担執筆)，『身体と空間の表象——行動への統合』(2020年，勁草書房，分担執筆)，『共感覚——統合の多様性』(2020年，勁草書房，分担執筆)。

ファシリテータ紹介

内村直之 (うちむら・なおゆき)

科学ジャーナリスト

1952年東京都生まれ。81年東京大学大学院理学系研究科物理学専攻博士課程満期退学。物性理論(半導体二次元電子系の理論)専攻。同年，朝日新聞入社。同社福井，浦和支局を経て，東京・大阪科学部，西部本社社会部，『科学朝日』，『朝日パソコン』，『メディカル朝日』などで科学記者，編集者として勤務した後，2012年4月からフリーランスの科学ジャーナリスト。 基礎科学全般，特に進化生物学，人類進化，分子生物学，素粒子物理，物性物理，数学，認知科学などの最先端と研究発展の歴史に興味を持ちます。著書に『われら以外の人類』(朝日選書，2005年)『古都がはぐくむ現代数学』(日本評論社，2013年) など。新聞記事，雑誌記事など多数。12年から17年まで慶応義塾大学で「ライティング技法ワークショップ」，13年から法政大学で「社会と科学」の講義を担当，14年から北海道大学CoSTEPで客員教授としてライティングなどを指導しています。

『認知科学のススメ』シリーズ　6
感じる認知科学

初版第 1 刷発行　2021 年 4 月 15 日

　　監　　修　日本認知科学会
　　著　　者　横澤一彦
ファシリテータ　内村直之
　　発行者　塩浦　暉
　　発行所　株式会社　新曜社
　　　　　　101-0051　東京都千代田区神田神保町 3-9
　　　　　　電話（03）3264-4973（代）・FAX（03）3239-2958
　　　　　　e-mail：info@shin-yo-sha.co.jp
　　　　　　ＵＲＬ：http://www.shin-yo-sha.co.jp/

　　印　　刷　星野精版印刷
　　製　　本　積信堂

＊表示価格は消費税を含みません。